JN435928

수사서식실무수록

경찰수사규칙

경찰법연구회

수사신청서식126개

법률&출판

머 리 말

경찰수사규칙이 시행되는 2022. 1. 4.를 기준으로 반영되었다.

2022년은 수사권 의 변화 하는 시점 이기도 하다.

경찰의 수사하는 지위와 입장을 이 규칙을 통하여 알아보면 좋을 것 갔다.

또한 현장에서 수사하는 수사관과 상대방의 여러모로 문제의 소지가 될 부분을 우리가 먼저알고 대처 할 수 있기를 바라는 마음에 이 규칙을 보기 쉽게 정리하여 보았다.

이 정보는 2022년 10월 15일 기준으로 작성된 것입니다

경찰법연구회

< 차 례 >

제1편 총 칙 ―― 23

제1조 (목적) ―― 23
제2조 (인권 보호 및 적법절차의 준수) ―― 23

제2편 협 력 ―― 24

제3조 (협력의 방식 등) ―― 24
제4조 (중요사건 협력절차) ―― 24
제5조 (소재수사에 관한 협력) ―― 25
제6조 (시찰조회 요청에 관한 협력) ―― 25
제7조 (검사와의 협의 등) ―― 25
제8조 (사법경찰관리의 상호협력) ―― 26

제3편 수사 ―― 27

제1장 통칙 ―― 27

제9조 (접수 전 점검 및 조치) ―― 27
제10조 (회피) ―― 27
제11조 (수사 진행상황의 통지) ―― 27
제12조 (변호인의 피의자신문 참여) ······ 28
제13조 (신문 중 변호인 참여 제한) ······ 31
제14조 (사건관계인에 대한 적용) ······ 31
제15조 (직무 관할) ······ 31
제16조 (사건의 단위) ······ 32

제17조 (심사관) ······ 32

제2장 수사의 개시 ―― 32

제18조 (수사의 개시) ······ 32
제19조 (입건 전 조사) ······ 36
제20조 (불입건 결정 통지) ······ 37
제21조 (고소·고발의 수리) ······ 38
제22조 (고소인·고발인 진술조서 등) ······ 39
제23조 (고소의 대리 등) ······ 39
제24조 (고소·고발사건의 수사기간) ······ 39
제25조 (고소·고발 취소 등에 따른 조치) ······ 39
제26조 (변사사건 발생사실 통보) ······ 40
제27조 (변사자의 검시·검증) ······ 40
제28조 (검시·검증조서 등) ······ 40
제29조 (검시의 주의사항) ······ 40
제30조 (검시와 참여자) ······ 41
제31조 (사체의 인도) ······ 41
제32조 (검사 이송 사건의 처리) ······ 42
제33조 (고위공직자범죄등 인지 통보) ······ 42

제3장 임의수사 ―― 42

제1절 출석요구와 조사 등 ―― 42

제34조 (출석요구) ······ 42
제35조 (수사상 임의동행) ······ 42
제36조 (심야조사 제한) ······ 43
제37조 (장시간 조사 제한) ······ 43
제38조 (신뢰관계인 동석) ······ 43

제39조 (조서와 진술서) ········· 44
제40조 (수사과정의 기록) ········· 44
제41조(실황조사) ········· 44
제42조(감정의 위촉) ········· 45

제2절 영상녹화 ——— 45
제43조(영상녹화) ——— 45
제44조(영상녹화물의 제작 및 보관) ——— 46

제3절 수배 ——— 46
제45조(지명수배) ········· 46
제46조(지명수배자 발견 시 조치) ········· 47
제47조(지명통보) ········· 47
제48조(지명통보자 발견 시 조치) ········· 48
제49조(지명수배·지명통보 해제) ········· 48

제4장 강제수사 ——— 48
제1절 체포·구속 ——— 48
제50조(체포영장의 신청) ········· 49
제51조(긴급체포) ········· 49
제52조(현행범인 체포 및 인수) ········· 49
제53조(현행범인 석방) ········· 49
제54조(구속영장의 신청) ········· 50
제55조(체포·구속영장의 집행) ········· 50
제56조(호송) ········· 50
제57조(체포·구속 통지 등) ········· 50
제58조(체포·구속영장의 반환) ········· 51
제59조(피의자 접견 등 금지) ········· 51

제60조(피의자 석방 및 통보) ························ 51
제61조(구속의 취소) ························ 51
제62조(구속의 집행정지) ························ 52

제2절 압수·수색·검증 —— 52
제63조(압수·수색 또는 검증영장의 신청 등) ························ 52
제64조(압수조서 등) ························ 52
제65조(수색조서 및 수색증명서) ························ 53
제66조(압수물의 환부 및 가환부) ························ 53
제67조(압수물 보관) ························ 54
제68조(압수물 폐기) ························ 54
제69조(압수물 대가보관) ························ 54
제70조(검증조서) ························ 55

제3절 그 밖의 강제수사 등 —— 55
제71조(증거보전 신청) ························ 55
제72조(증인신문 신청) ························ 55
제73조(감정유치 및 감정처분허가 신청) ························ 55
제74조(영장심의위원회) ························ 55

제5장 시정조치요구 —— 56
제75조(시정조치요구의 이행) —— 56
제76조(징계요구 처리 결과 등 통보) —— 56
제77조(구제신청 고지의 확인) —— 56

제6장 수사의 경합 —— 57
제78조(수사의 경합 시 기록 열람) —— 57

제7장 피해자 보호 ——— 57
제79조(피해자 보호의 원칙) ········· 57
제80조(신변보호) ········· 58
제81조(피해자에 대한 정보 제공) ········· 58
제82조(회복적 대화) ········· 64
제83조(범죄피해의 평가) ········· 64

제8장 수사서류 및 형사사법정보시스템 ——— 65
제84조(문서의 서식) ········· 65
제85조(장부와 비치서류) ········· 65
제86조(범죄통계원표) ········· 65
제87조(수사서류 열람·복사) ········· 65

제9장 특칙 ——— 66
제1절 전자약식사건 ——— 66
제88조(전자약식절차) ——— 66

제2절 소년·장애인·외국인 등 사건 ——— 67
제89조(소년에 대한 조사) ——— 67
제90조(장애인에 대한 조사) ——— 69
제91조(외국인에 대한 조사) ——— 70
제92조(한미행정협정사건의 통보) ——— 70

제3절 보전절차 ——— 70
제93조(몰수·부대보전 신청) ——— 71
제94조(추징보전의 신청) ——— 71

제4편 수사종결 등 72

제1장 통칙 72

제95조(장기사건 수사종결) 72
제96조(사건 이송) 73
제97조(수사 결과의 통지) 73

제2장 수사중지 73

제98조(수사중지 결정) 74
제99조(소재수사 등) 74
제100조(수사중지 시 지명수배·지명통보) 75
제101조(수사중지 결정에 대한 이의제기 절차) 75
제102조(수사중지사건 수사재개) 76

제3장 사건송치와 보완수사 76

제103조(송치 서류) 76
제104조(추가송부) 77
제105조(보완수사요구의 결과 통보 등) 77
제106조(직무배제 또는 징계 요구의 처리 등) 77
제107조(법원송치) 78

제4장 사건 불송치와 재수사 78

제108조(불송치 결정) 78
제109조(불송치 서류) 80
제110조(일부 결정 시 조치 등) 80
제111조(혐의없음 결정 시의 유의사항) 81
제112조(재수사 결과의 처리) 81
제113조(고소인등의 이의신청) 82

– 각종서식 –

■ [별지 제1호서식] 의견요청서(중요사건) ········ 85
■ [별지 제2호서식] 의견서(중요사건 · 협의요청) ········ 86
■ [별지 제3호서식] 소재불명자 발견 통보서(피의자) ········ 87
■ [별지 제4호서식] 소재불명자 발견 통보서(참고인등) ········ 88
■ [별지 제5호서식] 소재수사 결과 통보서 ········ 89
■ [별지 제6호서식] 협의요청서 ········ 90
■ [별지 제7호서식] 협의요청서(관서장) ········ 91
■ [별지 제8호서식] 회피신청서 ········ 92
■ [별지 제9호서식] 수사 진행상황 통지서 ········ 93
■ [별지 제10호서식] 변호인 참여 심청서 ········ 94
■ [별지 제11호서식] 범죄인지서 ········ 95
■ [별지 제12호서식] 불입건 결정 통지서(피혐의자) ········ 96
■ [별지 제13호서식] 불입건 결정 통지서(진정인등)<개정 2022. 1. 4.> ········ 97
■ [별지 제14호서식] 변사사건 발생 통보서 ········ 98
■ [별지 제15호서식] 교통사고 변사사건 발생 통보서 ········ 102
■ [별지 제16호서식] 검시조서 ········ 103
■ [별지 제17호서식] 검증조서 ········ 104
■ [별지 제18호서식] 변사사건 처리 등에 관한 의견서 ········ 105
■ [별지 제19호서식] 사체 및 소지품 인수서 ········ 106
■ [별지 제20호서식] 고위공직자범죄등 인지통보서 ········ 107
■ [별지 제21호서식] 출석요구서-1 ········ 108
■ [별지 제22호서식] 출석요구서-2 <개정 2022. 1. 4.> ········ 109
■ [별지 제23호서식] 임의동행 동의서 ········ 110

■ [별지 제24호서식] 조사연장 요청서 ········· 111
■ [별지 제25호서식] 동석신청서-1 ········· 112
■ [별지 제26호서식] 동석신청서-2 ········· 113
■ [별지 제27호서식] 피의자신문조서-1 ········· 114
■ [별지 제28호서식] 피의자신문조서-2 ········· 117
■ [별지 제29호서식] 진술조서-1 ········· 119
■ [별지 제30호서식] 진술조서-2 ········· 121
■ [별지 제31호서식] 수사 과정 확인서 ········· 123
■ [별지 제32호서식] 수사 과정 확인서(조서미작성) ········· 124
■ [별지 제33호서식] 실황조사서 ········· 125
■ [별지 제34호서식] 감정위촉서 ········· 126
■ [별지 제35호서식] 영상녹화 동의서 ········· 127
■ [별지 제36호서식] 권리 고지 확인서 ········· 128
■ [별지 제37호서식] 체포영장 신청서 ········· 129
■ [별지 제38호서식] 긴급체포서 ········· 130
■ [별지 제39호서식] 긴급체포 승인요청서 ········· 131
■ [별지 제40호서식] 석방 통보서(긴급체포불승인) ········· 132
■ [별지 제41호서식] 현행범인체포서 ········· 133
■ [별지 제42호서식] 현행범인인수서 ········· 134
■ [별지 제43호서식] 피의자석방서(현행범인) ········· 135
■ [별지 제44호서식] 석방 통보서(현행범인) ········· 136
■ [별지 제45호서식] 구속영장 신청서(미체포) ········· 137
■ [별지 제46호서식] 구속영장 신청서(체포영장) ········· 138
■ [별지 제47호서식] 구속영장 신청서(현행범인) ········· 139
■ [별지 제48호서식] 구속영장 신청서(긴급체포) ········· 140
■ [별지 제49호서식] 체포·긴급체포·현행범인체포·구속 통지서 ········· 141
■ [별지 제50호서식] 영장반환서 ········· 142
■ [별지 제51호서식] 피의자 접견 등 금지 결정서 ········· 143

■ [별지 제52호서식] 피의자 접견 등 금지 취소 결정서 ··············· 144
■ [별지 제53호서식] 피의자 석방서(체포영장) ······························ 145
■ [별지 제54호서식] 피의자 석방서(긴급체포) ······························ 146
■ [별지 제55호서식] 석방 통보서(체포영장) ································ 147
■ [별지 제56호서식] 석방 보고서(긴급체포) ································ 148
■ [별지 제57호서식] 구속취소 결정서 ·· 149
■ [별지 제58호서식] 구속취소 동의 요청서 ································· 150
■ [별지 제59호서식] 석방 통보서(구속취소) ································ 151
■ [별지 제60호서식] 구속집행정지 결정서 ··································· 152
■ [별지 제61호서식] 구속집행정지 통보서 ··································· 153
■ [별지 제62호서식] 구속집행정지 취소 결정서 ·························· 154
■ [별지 제63호서식] 압수·수색·검증영장 신청서(사전) ················· 155
■ [별지 제64호서식] 압수·수색·검증영장 신청서(금융계좌추적용) 156
■ [별지 제65호서식] 압수·수색·검증영장 신청서(사후) ················· 157
■ [별지 제66호서식] 압수조서 ·· 158
■ [별지 제67호서식] 압수목록 ·· 159
■ [별지 제68호서식] 압수목록 교부서 ·· 160
■ [별지 제69호서식] 전자정보 삭제 · 폐기 · 반환 확인서 ············ 161
■ [별지 제70호서식] 수색조서 ·· 162
■ [별지 제71호서식] 수색증명서 ··· 163
■ [별지 제72호서식] 압수물 처분 지휘요청서(환부 · 가환부) ······· 164
■ [별지 제73호서식] 압수물 환부 · 가환부 청구서 ························ 165
■ [별지 제74호서식] 압수물 환부 · 가환부 영수증 ························ 166
■ [별지 제75호서식] 압수물 처분 지휘요청서(위탁보관) ·············· 167
■ [별지 제76호서식] 압수물 보관 서약서 ····································· 168
■ [별지 제77호서식] 압수물 처분 지휘요청서(폐기) ····················· 169
■ [별지 제78호서식] 압수물 폐기 조서 ·· 170
■ [별지 제79호서식] 압수물 폐기 동의서 ····································· 171

■ [별지 제80호서식] 압수물 처분 지휘요청서(대가보관) ············ 172
■ [별지 제81호서식] 압수물 대가보관 조서 ························ 173
■ [별지 제82호서식] 증거보전 신청서 ······························ 174
■ [별지 제83호서식] 증인신문 신청서 ······························ 175
■ [별지 제84호서식] 감정유치장 신청서 ···························· 176
■ [별지 제85호서식] 감정처분허가장 신청서 ······················ 177
■ [별지 제86호서식] 사건기록 등본 송부서 ························ 178
■ [별지 제87호서식] 시정조치 결과 통보서 ························ 179
■ [별지 제88호서식] 징계요구 처리결과 통보서 ··················· 180
■ [별지 제89호서식] 고지 확인서 ··································· 181
■ [별지 제90호서식] 사건기록 열람요청서 ·························· 182
■ [별지 제91호서식] 열람허가서 ····································· 183
■ [별지 제92호서식] 전자약식절차 동의서 ·························· 184
■ [별지 제93호서식] 영사기관 체포·구속 통보서 ·················· 185
■ [별지 제94호서식] 영사기관 사망 통보서 ························· 186
■ [별지 제95호서식] 한미행정협정사건 통보서 ····················· 187
■ [별지 제96호서식] 몰수·부대보전 신청서 ························· 188
■ [별지 제97호서식] 추징보전 신청서 ······························· 189
■ [별지 제98호서식] 추징보전명령 취소 신청서 ···················· 190
■ [별지 제99호서식] 사건이송서 ····································· 191
■ [별지 제100호서식] 수사결과 통지서(고소인등 · 송치 등) ········ 192
■ [별지 제101호서식] 수사결과 통지서(피의자 · 송치 등) ··········· 194
■ [별지 제102호서식] 수사결과 통지서(피의자 · 불송치) ············ 195
■ [별지 제103호서식] 수사결과 통지서(고소인등 · 불송치) ·········· 196
■ [별지 제104호서식] 불송치 통지요구서 ···························· 198
■ [별지 제105호서식] 불송치 결정 증명서(고소인.고발인) ·········· 199
■ [별지 제106호서식] 불송치 결정 증명서(피의자) ·················· 200
■ [별지 제107호서식] 수사중지 결정서 ······························ 201

■ [별지 제108호서식] 수사중지 사건기록 송부서 ··························· 202
■ [별지 제109호서식] 소재수사 보고서(소재확인종합) ·················· 203
■ [별지 제110호서식] 수사중지 결정 이의제기서 ··························· 205
■ [별지 제111호서식] 수사중지사건 이의처리결과 통지서 ············ 206
■ [별지 제112호서식] 수사중지사건 수사재개서 ····························· 207
■ [별지 제113호서식] 피의자 등 소재발견 통보서(수사중지 사건기록 반환 전) ··· 208
■ [별지 제114호서식] 송치 결정서 ·· 209
■ [별지 제115호서식] 압수물 총목록 ·· 210
■ [별지 제116호서식] 기록목록 ·· 211
■ [별지 제117호서식] 사건송치서 ·· 212
■ [별지 제118호서식] 추가송부서 ·· 213
■ [별지 제119호서식] 보완수사 결과 통보서 ······································ 214
■ [별지 제120호서식] 직무배제요구 처리결과 통보서 ······················ 215
■ [별지 제121호서식] 소년 보호사건 송치서 ······································ 216
■ [별지 제122호서식] 불송치 결정서 ·· 217
■ [별지 제123호서식] 불송치 사건기록 송부서 ·································· 218
■ [별지 제124호서식] 재수사 결과서 ·· 219
■ [별지 제125호서식] 불송치 결정 이의신청서 ·································· 220
■ [별지 제126호서식] 이의신청에 따른 사건송치 통지서 ·············· 221

경찰수사규칙

[시행 2022. 1. 4.] [행정안전부령 제305호, 2022. 1. 4., 일부개정]

경찰청(수사심사정책담당관실) 02-3150-0133

제1편 총 칙

제1조 (목적)

이 규칙은 경찰공무원(해양경찰청 소속 경찰공무원은 제외한다)인 사법경찰관리가 「형사소송법」 및 「검사와 사법경찰관의 상호협력과 일반적 수사준칙에 관한 규정」 등 수사 관계 법령에 따라 수사를 하는 데 필요한 사항을 규정함을 목적으로 한다.

제2조 (인권 보호 및 적법절차의 준수)

① 사법경찰관리는 수사를 할 때에는 합리적 이유 없이 피의자와 그 밖의 피해자ㆍ참고인 등(이하 "사건관계인"이라 한다)의 성별, 종교, 나이, 장애, 사회적 신분, 출신지역, 인종, 국적, 외모 등 신체조건, 병력(病歷), 혼인 여부, 정치적 의견 및 성적(性的) 지향 등을 이유로 차별해서는 안 된다.

② 사법경찰관리는 「형사소송법」(이하 "법"이라 한다) 및 「검사와 사법경찰관의 상호협력과 일반적 수사준칙에 관한 규정」(이하 "수사준칙"이라 한다) 등 관계 법령을 준수하고 적법한 절차와 방식에 따라 수사해야 한다.

제2편 협 력

제3조 (협력의 방식 등)

① 사법경찰관리는 수사준칙 제6조에 따라 검사가 수사, 공소제기 및 공소유지와 관련하여 협력의 요청·요구·신청 등(이하 "협력요청등"이라 한다)을 하는 경우에는 상호 존중을 바탕으로 적극 협조해야 한다.

② 사법경찰관리는 검사에게 협력요청등을 하는 경우에는 「형사사법절차 전자화 촉진법」 제2조제4호에 따른 형사사법정보시스템(이하 "형사사법정보시스템"이라 한다) 또는 서면으로 해야 한다.

③ 천재지변 또는 긴급한 상황이 발생하거나 수사 현장에서 협력요청등을 하는 경우 등 제2항의 방식으로 협력요청등을 하는 것이 불가능하거나 현저히 곤란한 경우에는 구두(口頭)나 전화 등 간편한 방식으로 협력요청등을 할 수 있다.

④ 사법경찰관리는 신속한 수사가 필요한 경우에는 적정한 기간을 정하여 검사에게 협력요청등을 할 수 있다.

⑤ 사법경찰관리는 검사로부터 기간이 정해진 협력요청등을 받은 경우에는 그 기간 내에 이행하도록 노력해야 한다. 다만, 그 기간 내에 이행하기 곤란하거나 이행하지 못하는 경우에는 추가로 필요한 기간을 검사와 협의할 수 있다.

제4조 (중요사건 협력절차)

① 사법경찰관리는 수사준칙 제7조에 따라 검사에게 중요사건에 대한 의견의 제시·교환을 요청하는 경우에는 별지 제1호서식의 의견요청서에 따른다.

② 사법경찰관리는 수사준칙 제7조에 따라 검사로부터 중요사건에 대한 의견 제시·교환 요청을 받아 의견을 제시·교환하는 경우에는 별지

제2호서식의 의견서에 따른다.

제5조 (소재수사에 관한 협력)

① 사법경찰관리는 수사준칙 제55조제1항에 따라 소재불명(所在不明)인 피의자나 참고인을 발견하여 통보하는 경우에는 별지 제3호서식 또는 별지 제4호서식의 소재불명자 발견 통보서에 따른다.

② 사법경찰관리는 수사준칙 제55조제2항에 따른 검사의 소재수사 요청에 협력하여 소재 확인을 한 경우에는 별지 제5호서식의 소재수사 결과 통보서를 작성하여 검사에게 통보해야 한다.

제6조 (시찰조회 요청에 관한 협력)

① 사법경찰관리는 사법경찰관리가 수사 중인 사건에 대하여 검사로부터 「검찰사건사무규칙」에 따른 시찰조회를 요청받은 경우에는 협력해야 한다.

② 사법경찰관리는 사법경찰관리가 수사 중인 사건이 아닌 사건에 대하여 검사로부터 시찰조회를 요청받은 경우에는 사건의 내용, 시찰조회 요청 사유 및 직무 수행 지장 여부 등을 종합적으로 검토하여 협력 여부를 결정할 수 있다.

제7조 (검사와의 협의 등)

① 사법경찰관리는 수사준칙 제8조제1항에 따라 검사와의 협의를 요청하려는 경우에는 별지 제6호서식의 협의요청서에 요청 사항과 그 사유를 적어 검사에게 통보해야 한다.

② 사법경찰관리는 수사준칙 제8조제1항제1호, 제2호, 제4호 또는 제6호의 경우 제1항에 따른 해당 검사와의 협의에도 불구하고 이견이 해소되지 않으면 이를 즉시 소속된 경찰관서의 장(이하 "소속경찰관서장"이라 한다)에게 보고해야 한다.

③ 제2항의 보고를 받은 소속경찰관서장은 수사준칙 제8조제2항에 따른 협의가 필요하다고 판단하면 별지 제7호서식의 협의요청서에 요청 사항과 그 사유를 적어 제2항에 따른 해당 검사가 소속된 검찰청의 장에게 통보해야 한다.

④ 사법경찰관리 또는 소속경찰관서장은 제1항 또는 제3항에 따라 검사 또는 검찰청의 장과 협의한 사항이 있으면 그 협의사항을 성실하게 이행하도록 노력해야 한다.

제8조 (사법경찰관리의 상호협력)

① 사법경찰관리는 수사에 필요한 경우에는 다른 사법경찰관리에게 피의자의 체포ㆍ출석요구ㆍ조사ㆍ호송, 압수ㆍ수색ㆍ검증, 참고인의 출석요구ㆍ조사 등 그 밖에 필요한 조치에 대한 협력을 요청할 수 있다. 이 경우 요청을 받은 사법경찰관리는 정당한 이유가 없으면 이에 적극 협조해야 한다.

② 사법경찰관리는 수사에 필요한 경우에는 법 제245조의10에 따른 특별사법경찰관리와 긴밀히 협력해야 한다. 이 경우 협력의 구체적인 내용ㆍ범위 및 방법 등은 상호 협의하여 정한다.

제3편 수사

제1장 통칙

제9조 (접수 전 점검 및 조치)

① 사건기록담당직원은 법 및 관련 법령에 따라 검사로부터 요구·요청 등을 받거나 사건 기록과 증거물을 반환받은 때에는 관계 서류 등이 법령에 따라 작성·편철됐는지 및 검사가 법령에 따라 필요한 행위를 했는지를 점검해야 한다.

② 사건기록담당직원은 제1항에 따른 점검 결과 관계 서류 등이 법 및 관련 법령에 따라 작성·편철되지 않거나, 검사가 법 및 관련 법령에 따라 필요한 행위를 하지 않은 경우에는 검사에게 그 보완을 요구하는 등 필요한 조치를 할 수 있다.

③ 사건기록담당직원은 제1항에 따라 요구·요청 등을 받거나 사건 기록과 증거물을 반환받아 이를 접수한 경우에는 접수대장에 접수일시, 검사 또는 검찰청 직원의 성명 등을 기재하고, 검사 또는 검찰청 직원이 제시하는 접수기록부 등에 접수일시와 접수자의 직급 및 서명을 기재한다.

제10조 (회피)

사법경찰관리는 수사준칙 제11조에 따라 수사를 회피하려는 경우에는 별지 제8호서식의 회피신청서를 소속경찰관서장에게 제출해야 한다.

제11조 (수사 진행상황의 통지)

① 사법경찰관은 다음 각 호의 어느 하나에 해당하는 날부터 7일 이내에 고소인·고발인·피해자 또는 그 법정대리인(피해자가 사망한 경우에는 그 배우자·직계친족·형제자매를 포함한다. 이하 "고소인등"이라

한다)에게 수사 진행상황을 통지해야 한다. 다만, 고소인등의 연락처를 모르거나 소재가 확인되지 않으면 연락처나 소재를 알게 된 날부터 7일 이내에 수사 진행상황을 통지해야 한다.

1. 신고ㆍ고소ㆍ고발ㆍ진정ㆍ탄원에 따라 수사를 개시한 날
2. 제1호에 따른 수사를 개시한 날부터 매 1개월이 지난 날

② 제1항에 따른 통지는 서면, 전화, 팩스, 전자우편, 문자메시지 등 고소인등이 요청한 방법으로 할 수 있으며, 고소인등이 별도로 요청한 방법이 없는 경우에는 서면 또는 문자메시지로 통지한다. 이 경우 서면으로 하는 통지는 별지 제9호서식의 수사 진행상황 통지서에 따른다.

③ 사법경찰관은 수사 진행상황을 서면으로 통지한 경우에는 그 사본을, 그 밖의 방법으로 통지한 경우에는 그 취지를 적은 서면을 사건기록에 편철해야 한다.

④ 사법경찰관은 제1항에도 불구하고 다음 각 호의 어느 하나에 해당하는 경우에는 수사 진행상황을 통지하지 않을 수 있다. 이 경우 그 사실을 수사보고서로 작성하여 사건기록에 편철해야 한다.

1. 고소인등이 통지를 원하지 않는 경우
2. 고소인등에게 통지해야 하는 수사 진행상황을 사전에 고지한 경우
3. 사건관계인의 명예나 권리를 부당하게 침해하는 경우
4. 사건관계인에 대한 보복범죄나 2차 피해가 우려되는 경우

제12조 (변호인의 피의자신문 참여)

① 사법경찰관리는 법 제243조의2제1항에 따라 피의자 또는 그 변호인ㆍ법정대리인ㆍ배우자ㆍ직계친족ㆍ형제자매의 신청이 있는 경우 변호인의 참여로 인하여 신문이 방해되거나, 수사기밀이 누설되는 등 정당한 사유가 있는 경우를 제외하고는 피의자에 대한 신문에 변호인을 참여하게 해야 한다.

② 제1항의 변호인의 피의자신문 참여 신청을 받은 사법경찰관리는 신청인으로부터 변호인의 피의자신문 참여 전에 다음 각 호의 서면을 제

출받아야 한다.

1. 변호인 선임서
2. 별지 제10호서식의 변호인 참여 신청서

<table><tr><td>
1. 피의자 등에 대한 수사의 기본원칙

1) 피의자 등에 대한 수사
피의자에 대한 수사는 불구속 상태에서 함을 원칙으로 합니다(「형사소송법」 제198조제1항).

수사기관은 피의자 또는 다른 사람의 인권을 존중하고 수사과정에서 취득한 비밀을 엄수하며 수사에 방해되는 일이 없도록 해야 합니다(「형사소송법」 제198조제2항).

2. 진술거부권(묵비권) 등의 고지

1) 진술거부권의 개념
"진술거부권"이란, 질문 또는 신문(訊問)에 대해 진술을 거부할 수 있는 권리를 말하며, 피의자는 수사기관의 질문 또는 신문에 대해 진술거부권을 행사할 수 있습니다(「대한민국헌법」 제12조제2항 및 「형사소송법」 제244조의3제1항 참조).

2) 진술거부권 등의 고지
수사기관은 피의자를 신문하기 전에 다음 사항을 알려주어야 합니다(「형사소송법」 제244조의3제1항).

일체의 진술을 하지 않거나 개개의 질문에 대해 진술을 하지 않을 수 있다는 것

진술을 하지 않더라도 불이익을 받지 않는다는 것

진술거부권을 포기하고 행한 진술은 법정에서 유죄의 증거로 사용될 수
</td></tr></table>

있다는 것

신문을 받을 때에는 변호인을 참여하게 하는 등 변호인의 조력을 받을 수 있다는 것

3. 변호인의 선임

1) 변호인 선임권

피의자, 피의자의 법정대리인, 배우자, 직계친족과 형제자매는 독립하여 변호인을 선임할 수 있습니다(「형사소송법」 제30조).

※ 원칙적으로 변호인은 변호사 중에서 선임해야 합니다(「형사소송법」 제31조).

2) 변호인의 피의자 신문 등 참여

사법경찰관리는 피의자 또는 그 변호인·법정대리인·배우자·직계친족·형제자매의 신청이 있는 경우 변호인의 참여로 인하여 신문이 방해되거나, 수사기밀이 누설되는 등 정당한 사유가 있는 경우를 제외하고는 피의자에 대한 신문에 변호인을 참여하게 해야 합니다(「경찰수사규칙」 제12조제1항).

◆. 장애인 등 특별히 보호를 필요로 하는 피의자에 대한 특칙

※ 피의자의 신뢰관계자 동석

— 수사기관은 피의자가 다음 중 어느 하나에 해당하는 경우에는 피의자 신문 시 직권 또는 피의자·법정대리인의 신청에 따라 피의자와 신뢰관계에 있는 사람을 동석하게 할 수 있습니다(「형사소송법」 제244조의5).

° 피의자가 신체적 또는 정신적 장애로 사물을 변별하거나 의사를 결정·전달할 능력이 미약한 경우

° 피의자의 연령·성별·국적 등의 사정을 고려하여 그 심리적 안정의 도모와 원활한 의사소통을 위해 필요한 경우 이 정보는 2022년 10월 15일 기준으로 작성된 것입니다.

제13조 (신문 중 변호인 참여 제한)

① 사법경찰관리는 변호인의 참여로 증거를 인멸ㆍ은닉ㆍ조작할 위험이 구체적으로 드러나거나, 신문 방해, 수사기밀 누설 등 수사에 현저한 지장을 초래하는 경우에는 피의자신문 중이라도 변호인의 참여를 제한할 수 있다. 이 경우 피의자와 변호인에게 변호인의 참여를 제한하는 처분에 대해 법 제417조에 따른 준항고를 제기할 수 있다는 사실을 고지해야 한다.

② 제1항에 따라 변호인 참여를 제한하는 경우 사법경찰관리는 피의자 또는 변호인에게 그 사유를 설명하고 의견을 진술할 기회와 다른 변호인을 참여시킬 기회를 주어야 한다.

③ 제1항에 따라 변호인의 참여를 제한한 후 그 사유가 해소된 때에는 변호인을 신문에 참여하게 해야 한다.

제14조 (사건관계인에 대한 적용)

사건관계인에 대한 조사ㆍ면담 시 변호인의 참여에 관하여는 제12조 및 제13조를 준용한다.

제15조 (직무 관할)

사법경찰관리는 소속된 경찰관서의 관할구역에서 직무를 수행한다. 다만, 다음 각 호의 어느 하나에 해당하는 경우에는 관할구역이 아닌 곳에서도 그 직무를 수행할 수 있다.

1. 관할구역의 사건과 관련성이 있는 사실을 발견하기 위한 경우
2. 관할구역이 불분명한 경우
3. 긴급을 요하는 등 수사에 필요한 경우

제16조 (사건의 단위)

법 제11조에 따른 관련사건은 1건으로 처리한다. 다만, 분리수사를 하는 경우에는 그렇지 않다.

제17조 (심사관)

① 경찰청장은 수사의 책임성과 완결성 확보를 위하여 경찰관서에 경찰청장이 정하는 자격을 갖춘 심사관을 둘 수 있다.

② 제1항에 따른 심사관은 강제수사의 적법성ㆍ타당성 심사, 불송치 사건 및 수사 전반에 대한 점검 등의 업무를 수행한다.

제2장 수사의 개시

제18조 (수사의 개시)

① 사법경찰관은 법 제197조제1항에 따라 구체적인 사실에 근거를 둔 범죄의 혐의를 인식한 때에는 수사를 개시한다.

② 사법경찰관은 제1항에 따라 수사를 개시할 때에는 지체 없이 별지 제11호서식의 범죄인지서를 작성하여 사건기록에 편철해야 한다.

1. 수사의 개시

수사가 개시되는 단서로는 고소(「형사소송법」 제223조), 고발(「형사소송법」 제234조) 및 자수(「형사소송법」 제240조), 신고[「범죄수사규칙」(경찰청훈령 제1057호, 2022. 6. 20. 발령·시행) 제47조], 인지(「경찰수사규칙」 제18조) 등이 있습니다.

검사는 범죄의 혐의가 있다고 생각되는 때에는 범인, 범죄사실과 증거에 대해 수사해야 합니다(「형사소송법」 제196조).

※ 사법경찰관"이란, 경무관, 총경, 경정, 경감, 경위를 말하며, "사법경찰리"란, 경사, 경장, 순경을 말합니다(「형사소송법」 제197조제1항 및 제2항).

2. 피의자의 체포·구속

◆. 피의자의 체포

피의자가 죄를 범했다고 의심할 만한 상당한 이유가 있고, 정당한 이유 없이 수사기관의 출석요구에 응하지 않거나 응하지 않을 우려가 있는 때에는 검사는 관할 지방법원 판사에게 청구하여 체포영장을 발부받아 피의자를 체포할 수 있습니다(「형사소송법」 제200조의2제1항).

사법경찰관은 검사에게 신청하여 검사의 청구로 관할 지방법원 판사의 체포영장을 발부받아 피의자를 체포할 수 있습니다(「형사소송법」 제200조의2제1항).

◆. 피의자의 구속

피의자가 죄를 범했다고 의심할 만한 상당한 이유가 있고, 다음 어느 하나에 해당하는 사유가 있는 경우 검사는 관할 지방법원 판사에게 청구하여 구속영장을 발부 받아 피의자를 구속할 수 있습니다(「형사소송법」 제201조제1항 및 제70조제1항).

피고인이 일정한 주거가 없는 경우
피고인이 증거를 인멸할 염려가 있는 경우
피고인이 도망하거나 도망할 염려가 있는 경우

사법경찰관은 검사에게 신청하여 검사의 청구로 관할 지방법원 판사에게 구속영장을 발부 받아 피의자를 구속할 수 있습니다(「형사소송법」 제201조제1항).

3. 사건의 검찰송치

사법경찰관은 고소·고발 사건을 포함하여 범죄를 수사한 때에는 범죄의 혐의가 있다고 인정되는 경우 지체 없이 검사에게 사건을 송치하고, 관계서류와 증거물을 검사에게 송부해야 합니다(「형사소송법」 제245조의5제1호).

4. 공소 제기

검사는 해당 사건에 대해 공소 제기 여부를 결정하여 공소장을 법원에 제출함으로써 공소가 제기되며, 이로써 수사절차가 종료됩니다(「형사소송법」 제246조 및 제254조).

※ 다만 「형사소송법」 제249조에 따른 공소시효 기간이 만료된 경우에는 국가의 소추권이 소멸되기 때문에 처벌되지 않습니다.

※ 공소시효에 대한 자세한 내용은 이 사이트의 <폭행죄·상해죄의 처벌-시효-폭행죄·상해죄의 시효>에서 확인하실 수 있습니다.

5. 주폭으로부터 안전한 사회 만들기

◆. 주폭 단속 강화

우리나라는 전통적으로 술에 관대하여 주취폭력을 너그럽게 봐주어야 할 실수로 인식되어 왔습니다. 이런 사회분위기 속에서 주취폭력이 심각해지고 그 피해의 정도가 계속 증가하고 있습니다. 이에 경찰청은 2012년 6월 20일부터 10월 31일까지 약 4개월간 서민생활 안정을 위해 주폭을 포함한 5대폭력(조직폭력·주취폭력·갈취폭력·성폭력·학교폭력)을 척결하여 '폭력으로부터 안전한 사회 만들기'에 집중할 것이라고 발표하였습니다.

◆. 주폭의 개념

"주폭(酒暴)"이란 충북지방경찰청장에 의해 특허청에 상표등록(등록번호 40090705400000)된 용어로써 만취상태에서 상습적으로 상가, 주택가 등에서 인근 주민 등 선량한 시민들에게 폭력과 협박을 가하는 사회적 위해범을 말합니다.

◆. 주폭 단속반의 구성

경찰청 통계에 따르면 전국 249개 경찰서 가운데 182개의 주폭 수사 전담팀이 설치되어 있으며 총 843명의 경찰이 주폭 검거를 위해 배치되었다고 합니다.

◆. 주폭 단속 강화의 이유

주폭에 대한 단속을 강화하게 된 주된 이유는 연간 8조8천억원에 이르는 사회적 비용이 주취폭력으로 인해 낭비되고 있으며 주취폭력이 일부 도심 공원이나 야산 등 일상생활 주변에서 빈번하게 발생하여 서민들에게 큰 고통을 주고 있다는 점입니다. 또한 음주에 관대한 문화 및 작은 폭력에 대해 관용적인 인식이 과도하게 경찰력을 낭비시키고 중범죄자를 양산하는 시발점이 되고 있다는 지적에 따른 것입니다.

◆. 주폭 처벌의 근거

1. 주폭 처벌 근거 법령

「형법」에 따라 음주상태에서 폭행, 존속폭행, 폭행치상, 특수폭행치상, 존속폭행치상, 폭행치사, 특수폭행치사, 존속폭행치사, 상습폭행, 상습존속폭행, 상습특수폭행, 특수폭행, 특수존속폭행 등을 처벌하고 있습니다.

「폭력행위 등 처벌에 관한 법률」에 따라 음주상태에서 공동폭행, 공동존속폭행, 상습폭행, 상습존속폭행, 누범폭행, 누범존속폭행, 누범특수폭행, 상습특수폭행, 특수폭행, 특수존속폭행, 상습특수존속폭행, 누범특수존속폭행 등을 「형법」에 따른 형보다 무겁게 처벌하고 있습니다.

「특정범죄가중처벌 등에 관한 법률」에 따라 음주상태에서 보복목적 폭행, 운전자 폭행, 운전자 폭행치상, 운전자 폭행치사, 보복목적 폭행치사 등을 「형법」에 따른 형보다 무겁게 처벌하고 있습니다.

주취폭력의 경우 범행의 고의로 또는 범행 수행을 예견하거나 범행 후 면책사유로 삼기 위하여 자의로 음주 또는 약물로 인하여 만취상태에 빠진 경우에는 피고인이 범행 당시 심신미약 상태에 있었는지 여부와 상관없이 이를 일반가중인자로 반영합니다.

위의 경우에 해당하지 않더라도 범행 당시 심신미약 상태에 이르지 않은 경우에는 이를 감경인자로 반영하지 않습니다.

※ 주취폭력의 양형기준에 대한 자세한 내용은 <양형위원회 홈페이지-양형기준-시행 중 양형기준-폭력범죄 양형기준>에서 확인하실 수 있습니다.

◆. 주폭의 사회복귀를 위한 노력

이번 단속기간 동안 경찰은 영세상가 및 응급실 등 다중 이용시설에서 상습적인 주취폭력을 중점적으로 단속하여 처벌할 것이며 이와 동시에 상습주취자의 건전한 사회복귀를 위해 각 경찰청이 지방병원과 MOU를 체결하여 알코올 상담 및 병원치료도 받을 수 있게 할 계획이라고 합니다.

서울지방경찰청의 경우 서울시병원회와 MOU를 체결하여 서울시 소속병원과 핫라인을 구성하여 조폭피해 신고현황 등의 자료를 경찰과 공유하고 협력 병원을 선정하여 재활의지가 있는 사람에 대해 진료비 감면 등의 혜택을 제공하기로 하였습니다.

경찰청은 신고·제보자에 대해서도 최고 5,000만원의 신고보상금을 지급하고 개인 비밀과 신변을 철저히 보호하겠다고 발표하였습니다. 주폭척결을 위해서는 경찰의 노력뿐만 아니라 언론 및 국민들의 성원과 지지가 필요할 것입니다.

제19조 (입건 전 조사)

① 사법경찰관은 수사준칙 제16조제3항에 따른 입건 전에 범죄를 의심할 만한 정황이 있어 수사 개시 여부를 결정하기 위한 사실관계의 확인 등 필요한 조사(이하 "입건전조사"라 한다)에 착수하기 위해서는 해당 사법경찰관이 소속된 경찰관서의 수사 부서의 장(이하 "소속수사부서장"이라 한다)의 지휘를 받아야 한다. <개정 2022. 1. 4.>

② 사법경찰관은 입건전조사한 사건을 다음 각 호의 구분에 따라 처리해야 한다. <개정 2022. 1. 4.>

1. 입건: 범죄의 혐의가 있어 수사를 개시하는 경우
2. 입건전조사 종결(혐의없음, 죄가안됨 또는 공소권없음): 제108조제1항제1호부터 제3호까지의 규정에 따른 사유가 있는 경우
3. 입건전조사 중지: 피혐의자 또는 참고인 등의 소재불명으로 입건전조사를 계속할 수 없는 경우
4. 이송: 관할이 없거나 범죄특성 및 병합처리 등을 고려하여 다른 경찰관서 또는 기관(해당 기관과 협의된 경우로 한정한다)에서 입건전조사할 필요가 있는 경우
5. 공람 후 종결: 진정·탄원·투서 등 서면으로 접수된 신고가 다음 각 목의 어느 하나에 해당하는 경우

가. 같은 내용으로 3회 이상 반복하여 접수되고 2회 이상 그 처리 결과를 통지한 신고와 같은 내용인 경우

나. 무기명 또는 가명으로 접수된 경우

다. 단순한 풍문이나 인신공격적인 내용인 경우

라. 완결된 사건 또는 재판에 불복하는 내용인 경우

마. 민사소송 또는 행정소송에 관한 사항인 경우

제20조 (불입건 결정 통지)

① 사법경찰관은 수사준칙 제16조제4항에 따라 피혐의자(제19조제2항제2호에 따라 입건전조사 종결한 경우만 해당한다)와 진정인·탄원인·피해자 또는 그 법정대리인(피해자가 사망한 경우에는 그 배우자·직계친족·형제자매를 포함한다. 이하 "진정인등"이라 한다)에게 입건하지 않는 결정을 통지하는 경우에는 그 결정을 한 날부터 7일 이내에 통지해야 한다. 다만, 피혐의자나 진정인등의 연락처를 모르거나 소재가 확인되지 않으면 연락처나 소재를 알게 된 날부터 7일 이내에 통지해야 한다. <개정 2022. 1. 4.>

② 제1항에 따른 통지는 서면, 전화, 팩스, 전자우편, 문자메시지 등 피혐

의자 또는 진정인등이 요청한 방법으로 할 수 있으며, 별도로 요청한 방법이 없는 경우에는 서면 또는 문자메시지로 한다. 이 경우 서면으로 하는 통지는 별지 제12호서식 또는 별지 제13호서식의 불입건 결정 통지서에 따른다.

③ 사법경찰관은 서면으로 통지한 경우에는 그 사본을, 그 밖의 방법으로 통지한 경우에는 그 취지를 적은 서면을 사건기록에 편철해야 한다.

④ 사법경찰관은 제1항에도 불구하고 통지로 인해 보복범죄 또는 2차 피해 등이 우려되는 다음 각 호의 경우에는 불입건 결정을 통지하지 않을 수 있다. 이 경우 그 사실을 입건전조사 보고서로 작성하여 사건기록에 편철해야 한다. <개정 2022. 1. 4.>

1. 혐의 내용 및 동기, 진정인 또는 피해자와의 관계 등에 비추어 통지로 인해 진정인 또는 피해자의 생명ㆍ신체ㆍ명예 등에 위해(危害) 또는 불이익이 우려되는 경우
2. 사안의 경중 및 경위, 진정인 또는 피해자의 의사, 피진정인ㆍ피혐의자와의 관계, 분쟁의 종국적 해결에 미치는 영향 등을 고려하여 통지하지 않는 것이 타당하다고 인정되는 경우

제21조 (고소·고발의 수리)

① 사법경찰관리는 진정인ㆍ탄원인 등 민원인이 제출하는 서류가 고소ㆍ고발의 요건을 갖추었다고 판단하는 경우 이를 고소ㆍ고발로 수리한다.

② 사법경찰관리는 고소장 또는 고발장의 명칭으로 제출된 서류가 다음 각 호의 어느 하나에 해당하는 경우에는 이를 진정(陳情)으로 처리할 수 있다.

1. 고소인 또는 고발인의 진술이나 고소장 또는 고발장에 따른 내용이 불분명하거나 구체적 사실이 적시되어 있지 않은 경우
2. 피고소인 또는 피고발인에 대한 처벌을 희망하는 의사표시가 없거나 처벌을 희망하는 의사표시가 취소된 경우

제22조 (고소인·고발인 진술조서 등)

① 사법경찰관리는 구술로 제출된 고소·고발을 수리한 경우에는 진술조서를 작성해야 한다.

② 사법경찰관리는 서면으로 제출된 고소·고발을 수리했으나 추가 진술이 필요하다고 판단하는 경우 고소인·고발인으로부터 보충 서면을 제출받거나 추가로 진술을 들어야 한다.

③ 자수하는 경우 진술조서의 작성 및 추가 진술에 관하여는 제1항 및 제2항을 준용한다.

제23조 (고소의 대리 등)

① 사법경찰관리는 법 제236조에 따라 대리인으로부터 고소를 수리하는 경우에는 고소인 본인의 위임장을 제출받아야 한다.

② 사법경찰관리는 법 제225조부터 제228조까지의 규정에 따른 고소권자로부터 고소를 수리하는 경우에는 그 자격을 증명하는 서면을 제출받아야 한다.

③ 사법경찰관리는 제2항에 따른 고소권자의 대리인으로부터 고소를 수리하는 경우에는 제1항 및 제2항에 따른 위임장 및 자격을 증명하는 서면을 함께 제출받아야 한다.

④ 고소의 취소에 관하여는 제1항부터 제3항까지의 규정을 준용한다.

제24조 (고소·고발사건의 수사기간)

① 사법경찰관리는 고소·고발을 수리한 날부터 3개월 이내에 수사를 마쳐야 한다.

② 사법경찰관리는 제1항의 기간 내에 수사를 완료하지 못한 경우에는 그 이유를 소속수사부서장에게 보고하고 수사기간 연장을 승인받아야 한다.

제25조 (고소·고발 취소 등에 따른 조치)

① 사법경찰관리는 고소·고발의 취소가 있을 때에는 그 취지를 명확하게 확인해야 한다.

② 피해자의 명시한 의사에 반하여 공소를 제기할 수 없는 범죄에 대해 처벌을 희망하는 의사표시의 철회가 있을 때에도 제1항과 같다.

제26조 (변사사건 발생사실 통보)

① 사법경찰관은 수사준칙 제17조제1항에 따라 변사사건 발생사실을 검사에게 통보하는 경우에는 별지 제14호서식의 변사사건 발생 통보서 또는 별지 제15호서식의 교통사고 변사사건 발생 통보서에 따른다.

② 사법경찰관은 긴급한 상황 등 제1항의 방식으로 통보하는 것이 불가능하거나 현저히 곤란한 경우에는 구두·전화·팩스·전자우편 등 간편한 방식으로 통보할 수 있다. 이 경우 사후에 지체 없이 서면으로 변사사건 발생사실을 통보해야 한다.

제27조 (변사자의 검시·검증)

① 사법경찰관은 법 제222조제1항 및 제3항에 따라 검시를 하는 경우에는 의사를 참여시켜야 하며, 그 의사로 하여금 검안서를 작성하게 해야 한다. 이 경우 사법경찰관은 검시 조사관을 참여시킬 수 있다.

② 사법경찰관은 법 제222조에 따른 검시 또는 검증 결과 사망의 원인이 범죄로 인한 것으로 판단하는 경우에는 신속하게 수사를 개시해야 한다.

제28조 (검시·검증조서 등)

① 수사준칙 제17조제3항에 따른 검시조서는 별지 제16호서식에 따르고, 검증조서는 별지 제17호서식에 따른다.

② 사법경찰관은 수사준칙 제17조제3항에 따라 검사에게 제1항의 검시조서 또는 검증조서를 송부하는 경우에는 의사의 검안서, 감정서 및 촬영한 사진 등 관련 자료를 첨부해야 한다.

③ 사법경찰관은 수사준칙 제17조제4항에 따라 검시를 한 사건에 대해 검사와 의견을 제시·교환하는 경우에는 별지 제18호서식의 변사사건 처리 등에 관한 의견서에 따른다.

제29조 (검시의 주의사항)

사법경찰관리는 검시할 때에는 다음 각 호의 사항에 주의해야 한다.

1. 검시에 착수하기 전에 변사자의 위치, 상태 등이 변하지 않도록 현장을 보존하고, 변사자 발견 당시 변사자의 주변 환경을 조사할 것
2. 변사자의 소지품이나 그 밖에 변사자가 남겨 놓은 물건이 수사에 필요하다고 인정되는 경우에는 이를 보존하는 데 유의할 것
3. 검시하는 경우에는 잠재지문 및 변사자의 지문 채취에 유의할 것
4. 자살자나 자살로 의심되는 사체를 검시하는 경우에는 교사자(教唆者) 또는 방조자의 유무와 유서가 있는 경우 그 진위를 조사할 것
5. 등록된 지문이 확인되지 않거나 부패 등으로 신원확인이 곤란한 경우에는 디엔에이(DNA) 감정을 의뢰하고, 입양자로 확인된 경우에는 입양기관 탐문 등 신원확인을 위한 보강 조사를 할 것
6. 신속하게 절차를 진행하여 유족의 장례 절차에 불필요하게 지장을 초래하지 않도록 할 것

제30조 (검시와 참여자)

사법경찰관리는 검시에 특별한 지장이 없다고 인정하면 변사자의 가족·친족, 이웃사람·친구, 시·군·구·읍·면·동의 공무원이나 그 밖에 필요하다고 인정하는 사람을 검시에 참여시켜야 한다.

제31조 (사체의 인도)

① 사법경찰관은 변사자에 대한 검시 또는 검증이 종료된 때에는 사체를 소지품 등과 함께 신속히 유족 등에게 인도한다. 다만, 사체를 인수할 사람이 없거나 변사자의 신원이 판명되지 않은 경우에는 사체가 현존하는 지역의 특별자치시장·특별자치도지사·시장·군수 또는 자치구의 구청장에게 인도해야 한다.

② 제1항 본문에서 검시 또는 검증이 종료된 때는 다음 각 호의 구분에 따른 때를 말한다.

1. 검시가 종료된 때: 다음 각 목의 어느 하나에 해당하는 때

가. 수사준칙 제17조제2항에 따라 검사가 사법경찰관에게 검시조서를 송부한 때
나. 수사준칙 제17조제3항에 따라 사법경찰관이 검사에게 검시조서를 송부한 이후 검사가 의견을 제시한 때
2. 검증이 종료된 때: 부검이 종료된 때

③ 사법경찰관은 제1항에 따라 사체를 인도한 경우에는 인수자로부터 별지 제19호서식의 사체 및 소지품 인수서를 받아야 한다.

제32조 (검사 이송 사건의 처리)

사법경찰관은 수사준칙 제18조에 따라 검사로부터 사건을 이송받은 경우에는 지체 없이 접수하여 처리한다.

제33조 (고위공직자범죄등 인지 통보)

사법경찰관은 「고위공직자범죄수사처 설치 및 운영에 관한 법률」 제24조제2항에 따라 고위공직자범죄등 인지 사실을 통보하는 경우에는 별지 제20호서식의 고위공직자범죄등 인지통보서에 따른다.

제3장 임의수사

제1절 출석요구와 조사 등

제34조 (출석요구)

수사준칙 제19조제3항 본문 또는 같은 조 제6항에 따라 피의자 또는 피의자 외의 사람에게 출석요구를 하려는 경우에는 별지 제21호서식 또는 별지 제22호서식의 출석요구서에 따른다.

제35조 (수사상 임의동행)

사법경찰관리는 수사준칙 제20조에 따른 임의동행 고지를 하고 임의동행한 경우에는 별지 제23호서식의 임의동행 동의서를 작성하여 사건기

록에 편철하거나 별도로 보관해야 한다.

제36조 (심야조사 제한)

① 사법경찰관은 수사준칙 제21조제2항제4호에 따라 심야조사를 하려는 경우에는 심야조사의 내용 및 심야조사가 필요한 사유를 소속 경찰관서에서 인권보호 업무를 담당하는 부서의 장에게 보고하고 허가를 받아야 한다.

② 사법경찰관은 제1항에 따라 허가를 받은 경우 수사보고서를 작성하여 사건기록에 편철해야 한다.

제37조 (장시간 조사 제한)

사법경찰관리는 피의자나 사건관계인으로부터 수사준칙 제22조제1항제1호에 따라 조서 열람을 위한 조사 연장을 요청받은 경우에는 별지 제24호서식의 조사연장 요청서를 제출받아야 한다.

제38조 (신뢰관계인 동석)

① 수사준칙 제24조제2항에 따른 동석신청서는 별지 제25호서식 또는 별지 제26호서식에 따른다.

② 사법경찰관은 피의자, 피해자 또는 그 법정대리인이 제1항의 동석신청서를 작성할 시간적 여유가 없는 경우 등에는 이를 제출받지 않고 조서 또는 수사보고서에 그 취지를 기재하는 것으로 동석신청서 작성을 갈음할 수 있으며, 조사의 긴급성 또는 동석의 필요성 등이 현저한 경우에는 예외적으로 동석 조사 이후에 신뢰관계인과 피의자와의 관계를 소명할 자료를 제출받아 기록에 편철할 수 있다.

③ 사법경찰관은 동석 신청이 없더라도 동석이 필요하다고 인정되면 피의자 또는 피해자와의 신뢰관계 유무를 확인한 후 직권으로 신뢰관계에 있는 사람을 동석하게 할 수 있다. 이 경우 그 관계 및 취지를 조서나 수사보고서에 적어야 한다.

④ 사법경찰관은 신뢰관계인의 동석으로 인하여 신문이 방해되거나, 수사기밀이 누설되는 등 정당한 사유가 있는 경우에는 동석을 거부할 수

있으며, 신뢰관계인이 피의자신문 또는 피해자 조사를 방해하거나 그 진술의 내용에 부당한 영향을 미칠 수 있는 행위를 하는 등 수사에 현저한 지장을 초래하는 경우에는 피의자신문 또는 피해자 조사 중에도 동석을 제한할 수 있다.

⑤ 피해자 이외의 사건관계인 조사에 관하여는 제1항부터 제4항까지의 규정을 준용한다.

제39조 (조서와 진술서)

① 사법경찰관리가 법 제244조제1항에 따라 피의자의 진술을 조서에 적는 경우에는 별지 제27호서식 또는 별지 제28호서식의 피의자신문조서에 따른다.

② 사법경찰관리가 피의자가 아닌 사람의 진술을 조서에 적는 경우에는 별지 제29호서식 또는 별지 제30호서식의 진술조서에 따른다.

③ 사법경찰관리는 피의자 또는 피의자가 아닌 사람의 진술을 듣는 경우 진술 사항이 복잡하거나 진술인이 서면진술을 원하면 진술서를 작성하여 제출하게 할 수 있다.

④ 피의자신문조서와 진술조서에는 진술자로 하여금 간인(間印)한 후 기명날인 또는 서명하게 한다

제40조 (수사과정의 기록)

사법경찰관리는 수사준칙 제26조제1항에 따라 조사 과정의 진행경과를 별도의 서면에 기록하는 경우에는 별지 제31호서식 또는 별지 제32호서식의 수사 과정 확인서에 따른다.

제41조(실황조사)

① 사법경찰관리는 범죄의 현장 또는 그 밖의 장소에서 피의사실을 확인하거나 증거물의 증명력을 확보하기 위해 필요한 경우 실황조사를 할 수 있다.

② 사법경찰관리는 실황조사를 하는 경우에는 거주자, 관리자 그 밖의 관계자 등을 참여하게 할 수 있다.

③ 사법경찰관리는 실황조사를 한 경우에는 별지 제33호서식의 실황조사서에 조사 내용을 상세하게 적고, 현장도면이나 사진이 있으면 이를 실황조사서에 첨부해야 한다.

제42조(감정의 위촉)

사법경찰관은 법 제221조제2항에 따라 감정을 위촉하는 경우에는 별지 제34호서식의 감정위촉서에 따른다. 법 제221조의4에 따라 감정에 필요한 허가장을 발부받아 위촉하는 경우에도 또한 같다.

제2절 영상녹화

제43조(영상녹화)

① 사법경찰관리는 법 제221조제1항 또는 제244조의2제1항에 따라 피의자 또는 피의자가 아닌 사람을 영상녹화하는 경우 그 조사의 시작부터 조서에 기명날인 또는 서명을 마치는 시점까지의 모든 과정을 영상녹화해야 한다. 다만, 조사 도중 영상녹화의 필요성이 발생한 때에는 그 시점에서 진행 중인 조사를 중단하고, 중단한 조사를 다시 시작하는 때부터 조서에 기명날인 또는 서명을 마치는 시점까지의 모든 과정을 영상녹화해야 한다.

② 사법경찰관리는 제1항에도 불구하고 조사를 마친 후 조서 정리에 오랜 시간이 필요한 경우에는 조서 정리과정을 영상녹화하지 않고, 조서 열람 시부터 영상녹화를 다시 시작할 수 있다.

③ 제1항 및 제2항에 따른 영상녹화는 조사실 전체를 확인할 수 있고 조사받는 사람의 얼굴과 음성을 식별할 수 있도록 해야 한다.

④ 사법경찰관리는 피의자에 대한 조사 과정을 영상녹화하는 경우 다음 각 호의 사항을 고지해야 한다.

1. 조사자 및 법 제243조에 따른 참여자의 성명과 직책
2. 영상녹화 사실 및 장소, 시작 및 종료 시각

3. 법 제244조의3에 따른 진술거부권 등
4. 조사를 중단·재개하는 경우 중단 이유와 중단 시각, 중단 후 재개하는 시각

⑤ 사법경찰관리는 피의자가 아닌 사람의 조사 과정을 영상녹화하는 경우에는 별지 제35호서식의 영상녹화 동의서로 영상녹화 동의 여부를 확인하고, 제4항제1호, 제2호 및 제4호의 사항을 고지해야 한다. 다만, 피혐의자에 대해서는 제4항제1호부터 제4호까지의 규정에 따른 사항을 고지해야 한다.

제44조(영상녹화물의 제작 및 보관)

① 사법경찰관리는 조사 시 영상녹화를 한 경우에는 영상녹화용 컴퓨터에 저장된 영상녹화 파일을 이용하여 영상녹화물(CD, DVD 등을 말한다. 이하 같다) 2개를 제작한 후, 피조사자 또는 변호인 앞에서 지체 없이 제작된 영상녹화물을 봉인하고 피조사자로 하여금 기명날인 또는 서명하게 해야 한다.

② 사법경찰관리는 제1항에 따라 영상녹화물을 제작한 후 영상녹화용 컴퓨터에 저장되어 있는 영상녹화 파일을 데이터베이스 서버에 전송하여 보관할 수 있다.

③ 사법경찰관리는 손상 또는 분실 등으로 제1항의 영상녹화물을 사용할 수 없는 경우에는 데이터베이스 서버에 보관되어 있는 영상녹화 파일을 이용하여 다시 영상녹화물을 제작할 수 있다.

제3절 수배

제45조(지명수배)

① 사법경찰관리는 다음 각 호의 어느 하나에 해당하는 사람의 소재를 알 수 없을 때에는 지명수배를 할 수 있다.

1. 법정형이 사형, 무기 또는 장기 3년 이상의 징역이나 금고에 해당하는 죄를 범했다고 의심할 만한 상당한 이유가 있어 체포영장 또는 구속영장이 발부된 사람
2. 제47조에 따른 지명통보의 대상인 사람 중 지명수배를 할 필요가 있어 체포영장 또는 구속영장이 발부된 사람

② 제1항에도 불구하고 법 제200조의3제1항에 따른 긴급체포를 하지 않으면 수사에 현저한 지장을 초래하는 경우에는 영장을 발부받지 않고 지명수배할 수 있다. 이 경우 지명수배 후 신속히 체포영장을 발부받아야 하며, 체포영장을 발부받지 못한 때에는 즉시 지명수배를 해제해야 한다.

제46조(지명수배자 발견 시 조치)

① 사법경찰관리는 제45조제1항에 따라 지명수배된 사람(이하 "지명수배자"라 한다)을 발견한 때에는 체포영장 또는 구속영장을 제시하고, 수사준칙 제32조제1항에 따라 권리 등을 고지한 후 체포 또는 구속하며 별지 제36호서식의 권리 고지 확인서를 받아야 한다. 다만, 체포영장 또는 구속영장을 소지하지 않은 경우 긴급하게 필요하면 지명수배자에게 영장이 발부되었음을 고지한 후 체포 또는 구속할 수 있으며 사후에 지체 없이 그 영장을 제시해야 한다.

② 사법경찰관은 제45조제2항에 따라 영장을 발부받지 않고 지명수배한 경우에는 지명수배자에게 긴급체포한다는 사실과 수사준칙 제32조제1항에 따른 권리 등을 고지한 후 긴급체포해야 한다. 이 경우 지명수배자로부터 별지 제36호서식의 권리 고지 확인서를 받고 제51조제1항에 따른 긴급체포서를 작성해야 한다.

제47조(지명통보)

사법경찰관리는 다음 각 호의 어느 하나에 해당하는 사람의 소재를 알 수 없을 때에는 지명통보를 할 수 있다.

1. 법정형이 장기 3년 미만의 징역 또는 금고, 벌금에 해당하는 죄를 범했다고 의심할 만한 상당한 이유가 있고, 출석요구에 응하지 않

은 사람
2. 법정형이 장기 3년 이상의 징역이나 금고에 해당하는 죄를 범했다고 의심되더라도 사안이 경미하고, 출석요구에 응하지 않은 사람

제48조(지명통보자 발견 시 조치)

사법경찰관리는 제47조에 따라 지명통보된 사람(이하 "지명통보자"라 한다)을 발견한 때에는 지명통보자에게 지명통보된 사실, 범죄사실의 요지 및 지명통보한 경찰관서(이하 이 조 및 제49조에서 "통보관서"라 한다)를 고지하고, 발견된 날부터 1개월 이내에 통보관서에 출석해야 한다는 내용과 정당한 사유 없이 출석하지 않을 경우 지명수배되어 체포될 수 있다는 내용을 통지해야 한다.

제49조(지명수배·지명통보 해제)

사법경찰관리는 다음 각 호의 어느 하나에 해당하는 경우에는 즉시 지명수배 또는 지명통보를 해제해야 한다.

1. 지명수배자를 검거한 경우
2. 지명통보자가 통보관서에 출석하여 조사에 응한 경우
3. 공소시효의 완성, 친고죄에서 고소의 취소, 피의자의 사망 등 공소권이 소멸된 경우
4. 지명수배됐으나 체포영장 또는 구속영장의 유효기간이 지난 후 체포영장 또는 구속영장이 재발부되지 않은 경우
5. 그 밖에 지명수배 또는 지명통보의 필요성이 없어진 경우

제4장 강제수사

제1절 체포 · 구속

제50조(체포영장의 신청)

사법경찰관은 법 제200조의2제1항에 따라 체포영장을 신청하는 경우에는 별지 제37호서식의 체포영장 신청서에 따른다. 이 경우 현재 수사 중인 다른 범죄사실에 관하여 그 피의자에 대해 발부된 유효한 체포영장이 있는지를 확인해야 하며 해당사항이 있는 경우에는 그 사실을 체포영장 신청서에 적어야 한다.

제51조(긴급체포)

① 법 제200조의3제3항에 따른 긴급체포서는 별지 제38호서식에 따른다.

② 수사준칙 제27조제2항 본문에 따른 긴급체포 승인요청서는 별지 제39호서식에 따른다.

③ 사법경찰관은 수사준칙 제27조제4항 후단에 따라 긴급체포된 피의자의 석방 일시와 사유 등을 검사에게 통보하는 경우에는 별지 제40호서식의 석방 통보서에 따른다.

제52조(현행범인 체포 및 인수)

① 사법경찰관리는 법 제212조에 따라 현행범인을 체포할 때에는 현행범인에게 도망 또는 증거인멸의 우려가 있는 등 당장에 체포하지 않으면 안 될 정도의 급박한 사정이 있는지 또는 체포 외에는 현행범인의 위법행위를 제지할 다른 방법이 없는지 등을 고려해야 한다.

② 사법경찰관리는 법 제212조에 따라 현행범인을 체포한 때에는 별지 제41호서식의 현행범인체포서를 작성하고, 법 제213조에 따라 현행범인을 인도받은 때에는 별지 제42호서식의 현행범인인수서를 작성해야 한다.

③ 사법경찰관리는 제2항의 현행범인체포서 또는 현행범인인수서를 작성하는 경우 현행범인에 대해서는 범죄와의 시간적 접착성과 범죄의 명백성이 인정되는 상황을, 준현행범인에 대해서는 범죄와의 관련성이 인정되는 상황을 구체적으로 적어야 한다.

제53조(현행범인 석방)

① 수사준칙 제28조제2항 전단에 따른 피의자 석방서는 별지 제43호서식에 따른다.

② 사법경찰관은 수사준칙 제28조제2항 후단에 따라 검사에게 현행범인의 석방사실을 통보하는 경우에는 별지 제44호서식의 석방 통보서에 따른다.

제54조(구속영장의 신청)

수사준칙 제29조에 따른 구속영장 신청서는 별지 제45호서식부터 별지 제48호서식까지에 따른다.

제55조(체포·구속영장의 집행)

① 사법경찰관리는 체포영장 또는 구속영장을 집행할 때에는 신속하고 정확하게 해야 한다.

② 체포영장 또는 구속영장의 집행은 검사가 서명 또는 날인하여 교부한 영장이나 검사가 영장의 집행에 관한 사항을 적어 교부한 서면에 따른다.

③ 수사준칙 제32조제3항에 따른 권리 고지 확인서는 별지 제36호서식에 따른다. 다만, 피의자가 권리 고지 확인서에 기명날인 또는 서명하기를 거부하는 경우에는 피의자를 체포·구속하는 사법경찰관리가 확인서 끝부분에 그 사유를 적고 기명날인 또는 서명해야 한다.

제56조(호송)

① 사법경찰관리는 체포·구속한 피의자를 호송할 때에는 피의자의 도망·자살·신변안전·증거인멸 등에 주의해야 한다.

② 사법경찰관리는 체포·구속한 피의자를 호송할 때 필요한 경우에는 가장 근접한 경찰관서에 피의자를 임시로 유치할 수 있다.

제57조(체포·구속 통지 등)

사법경찰관은 수사준칙 제33조제1항(같은 조 제3항에서 준용되는 경우를 포함한다)에 따라 체포·구속의 통지를 하는 경우에는 별지 제49호서식의 체포·긴급체포·현행범인체포·구속 통지서에 따른다.

제58조(체포·구속영장의 반환)

수사준칙 제35조제2항에 따른 영장반환서는 별지 제50호서식에 따른다.

제59조(피의자 접견 등 금지)

① 사법경찰관은 법 제200조의6 및 제209조에서 준용하는 법 제91조 또는 「형의 집행 및 수용자의 처우에 관한 법률」 제87조에서 준용하는 같은 법 제41조에 따라 체포 또는 구속된 피의자와 법 제34조에서 규정한 사람이 아닌 사람과의 접견 등을 금지하려는 경우에는 별지 제51호서식의 피의자 접견 등 금지 결정서에 따른다.

② 사법경찰관은 제1항의 결정을 취소하는 것이 타당하다고 인정되어 피의자 접견 등의 금지를 취소하는 경우에는 별지 제52호서식의 피의자 접견 등 금지 취소 결정서에 따른다.

③ 제1항의 피의자 접견 등 금지 결정은 사법경찰관의 사건 송치와 동시에 그 효력을 상실한다.

제60조(피의자 석방 및 통보)

① 수사준칙 제36조제1항에 따른 피의자 석방서는 별지 제53호서식 또는 별지 제54호서식에 따른다.

② 사법경찰관은 검사에게 수사준칙 제36조제2항제1호에 따라 석방사실을 통보하는 경우에는 별지 제55호서식의 석방 통보서에 따르고, 같은 항 제2호에 따라 석방사실을 보고하는 경우에는 별지 제56호서식의 석방 보고서에 따른다.

제61조(구속의 취소)

① 사법경찰관은 법 제209조에서 준용하는 법 제93조에 따라 구속을 취소하여 피의자를 석방하는 경우에는 별지 제57호서식의 구속취소 결정서에 따른다. 다만, 법 제245조의5제1호에 따라 검사에게 송치해야 하는 사건인 경우에는 사전에 별지 제58호서식의 구속취소 동의 요청서에 따라 검사의 동의를 받아야 한다.

② 제1항에 따라 구속을 취소한 사법경찰관은 지체 없이 별지 제59호서식의 석방 통보서를 작성하여 검사에게 석방사실을 통보하고, 그 통보서 사본을 사건기록에 편철해야 한다.

제62조(구속의 집행정지)

① 사법경찰관은 법 제209조에서 준용하는 법 제101조제1항에 따라 구속의 집행을 정지하는 경우에는 별지 제60호서식의 구속집행정지 결정서에 따른다.

② 제1항에 따라 구속의 집행을 정지한 사법경찰관은 지체 없이 별지 제61호서식의 구속집행정지 통보서를 작성하여 검사에게 그 사실을 통보하고, 그 통보서 사본을 사건기록에 편철해야 한다.

③ 사법경찰관은 법 제209조에서 준용하는 법 제102조제2항에 따라 구속집행정지 결정을 취소하는 경우에는 별지 제62호서식의 구속집행정지 취소 결정서에 따른다.

제2절 압수 · 수색 · 검증

제63조(압수·수색 또는 검증영장의 신청 등)

① 사법경찰관은 수사준칙 제37조에 따라 압수ㆍ수색 또는 검증영장을 신청하는 경우에는 별지 제63호서식부터 별지 제65호서식까지의 압수ㆍ수색ㆍ검증영장 신청서에 따른다. 이 경우 압수ㆍ수색 또는 검증의 필요성 및 해당 사건과의 관련성을 인정할 수 있는 자료를 신청서에 첨부해야 한다.

② 압수ㆍ수색 또는 검증영장의 집행 및 반환에 관하여는 제55조제1항ㆍ제2항 및 제58조를 준용한다.

제64조(압수조서 등)

① 수사준칙 제40조 본문에 따른 압수조서는 별지 제66호서식에 따르고,

압수목록은 별지 제67호서식에 따른다.

② 법 제219조에서 준용하는 법 제129조에 따라 압수목록을 교부하는 경우에는 별지 제68호서식의 압수목록 교부서에 따른다. 이 경우 수사준칙 제41조제1항에 따른 전자정보에 대한 압수목록 교부서는 전자파일의 형태로 복사해 주거나 전자우편으로 전송하는 등의 방식으로 교부할 수 있다.

③ 수사준칙 제42조제2항 후단에 따른 삭제ㆍ폐기ㆍ반환 확인서는 별지 제69호서식에 따른다. 다만, 제2항에 따른 압수목록 교부서에 삭제ㆍ폐기 또는 반환했다는 내용을 포함시켜 교부하는 경우에는 삭제ㆍ폐기ㆍ반환 확인서를 교부하지 않을 수 있다.

제65조(수색조서 및 수색증명서)

① 사법경찰관은 법 제215조에 따라 수색을 한 경우에는 수색의 상황과 결과를 명백히 한 별지 제70호서식의 수색조서를 작성해야 한다.

② 법 제219조에서 준용하는 법 제128조에 따라 증거물 또는 몰수할 물건이 없다는 취지의 증명서를 교부하는 경우에는 별지 제71호서식의 수색증명서에 따른다.

제66조(압수물의 환부 및 가환부)

① 사법경찰관은 법 제218조의2제1항 및 제4항에 따라 압수물에 대해 그 소유자, 소지자, 보관자 또는 제출인(이하 이 조에서 “소유자등”이라 한다)으로부터 환부 또는 가환부의 청구를 받거나 법 제219조에서 준용하는 법 제134조에 따라 압수장물을 피해자에게 환부하려는 경우에는 별지 제72호서식의 압수물 처분 지휘요청서를 작성하여 검사에게 제출해야 한다.

② 사법경찰관은 제1항에 따른 압수물의 환부 또는 가환부의 청구를 받은 경우 소유자등으로부터 별지 제73호서식의 압수물 환부ㆍ가환부 청구서를 제출받아 별지 제72호서식의 압수물 처분 지휘요청서에 첨부한다.

③ 사법경찰관은 압수물을 환부 또는 가환부한 경우에는 피해자 및 소유자등으로부터 별지 제74호서식의 압수물 환부·가환부 영수증을 받아야 한다.

제67조(압수물 보관)

① 사법경찰관은 압수물에 사건명, 피의자의 성명, 제64조제1항의 압수목록에 적힌 순위·번호를 기입한 표찰을 붙여야 한다.

② 사법경찰관은 법 제219조에서 준용하는 법 제130조제1항에 따라 압수물을 다른 사람에게 보관하게 하려는 경우에는 별지 제75호서식의 압수물 처분 지휘요청서를 작성하여 검사에게 제출해야 한다.

③ 사법경찰관은 제2항에 따라 압수물을 다른 사람에게 보관하게 하는 경우 적절한 보관인을 선정하여 성실하게 보관하게 하고 보관인으로부터 별지 제76호서식의 압수물 보관 서약서를 받아야 한다.

제68조(압수물 폐기)

① 사법경찰관은 법 제219조에서 준용하는 법 제130조제2항 및 제3항에 따라 압수물을 폐기하려는 경우에는 별지 제77호서식의 압수물 처분 지휘요청서를 작성하여 검사에게 제출해야 한다.

② 사법경찰관은 제1항에 따라 압수물을 폐기하는 경우에는 별지 제78호서식의 압수물 폐기 조서를 작성하고 사진을 촬영하여 사건기록에 편철해야 한다.

③ 사법경찰관은 법 제219조에서 준용하는 법 제130조제3항에 따라 압수물을 폐기하는 경우에는 소유자 등 권한 있는 사람으로부터 별지 제79호서식의 압수물 폐기 동의서를 제출받거나 진술조서 등에 그 취지를 적어야 한다.

제69조(압수물 대가보관)

① 사법경찰관은 법 제219조에서 준용하는 법 제132조에 따라 압수물을 매각하여 대가를 보관하려는 경우에는 별지 제80호서식의 압수물 처분 지휘요청서를 작성하여 검사에게 제출해야 한다.

② 사법경찰관은 제1항에 따라 대가보관의 처분을 했을 때에는 별지 제81호서식의 압수물 대가보관 조서를 작성한다.

제70조(검증조서)

수사준칙 제43조에 따른 검증조서는 별지 제17호서식에 따른다.

제3절 그 밖의 강제수사 등

제71조(증거보전 신청)

사법경찰관은 미리 증거를 보전하지 않으면 그 증거를 사용하기 곤란한 경우에는 별지 제82호서식의 증거보전 신청서를 작성하여 검사에게 법 제184조제1항에 따른 증거보전의 청구를 신청할 수 있다.

제72조(증인신문 신청)

사법경찰관은 범죄의 수사에 없어서는 안 되는 사실을 안다고 명백히 인정되는 사람이 출석 또는 진술을 거부하는 경우에는 별지 제83호서식의 증인신문 신청서를 작성하여 검사에게 법 제221조의2제1항에 따른 증인신문의 청구를 신청할 수 있다.

제73조(감정유치 및 감정처분허가 신청)

① 사법경찰관은 법 제221조제2항의 감정을 위하여 법 제172조제3항에 따른 유치가 필요한 경우에는 별지 제84호서식의 감정유치장 신청서를 작성하여 검사에게 제출해야 한다.

② 사법경찰관은 법 제221조의4제1항에 따라 법 제173조제1항에 따른 처분을 위한 허가가 필요한 경우에는 별지 제85호서식의 감정처분허가장 신청서를 작성하여 검사에게 제출해야 한다.

제74조(영장심의위원회)

사법경찰관은 법 제221조의5제1항에 따라 영장 청구 여부에 대한 심의를 신청하는 경우에는 「영장심의위원회 규칙」 제13조에 따라 관할 고등검찰청에 심의신청을 해야 한다.

제5장 시정조치요구

제75조(시정조치요구의 이행)

① 사법경찰관은 수사준칙 제45조제2항에 따라 사건기록 등본을 검사에게 송부하는 경우에는 별지 제86호서식의 사건기록 등본 송부서를 작성하여 사건기록 등본에 편철해야 한다.

② 사법경찰관은 제1항에 따라 사건기록 등본을 송부하는 경우에는 해당 사건기록 전체의 등본을 송부한다. 다만, 등본송부 요구의 사유가 사건기록의 일부와 관련된 경우에는 사전에 검사와 합의하고 해당 부분에 대해서만 등본을 송부할 수 있다.

③ 사법경찰관은 필요하다고 인정하는 경우 제1항에 따라 사건기록 등본을 송부하면서 의견을 함께 제출할 수 있다.

④ 사법경찰관은 수사준칙 제45조제4항에 따라 검사에게 시정조치 이행 결과를 통보하는 경우 별지 제87호서식의 시정조치 결과 통보서에 따른다. 다만, 법률상·사실상 시정이 불가능한 경우 등 정당한 이유가 있어 시정조치요구를 이행하지 않은 경우에는 그 내용과 사유를 시정조치 결과 통보서에 구체적으로 적어 통보해야 한다.

제76조(징계요구 처리 결과 등 통보)

소속경찰관서장은 수사준칙 제46조제2항에 따라 징계요구의 처리 결과와 그 이유를 통보하는 경우에는 별지 제88호서식의 징계요구 처리결과 통보서에 따른다.

제77조(구제신청 고지의 확인)

수사준칙 제47조에 따른 고지 확인서는 별지 제89호서식에 따른다.

제6장 수사의 경합

제78조(수사의 경합 시 기록 열람)

① 사법경찰관은 수사준칙 제48조제1항에 따라 검사에게 사건기록의 열람을 요청하는 경우에는 별지 제90호서식의 사건기록 열람요청서에 따른다.

② 사법경찰관은 검사로부터 수사준칙 제48조제1항에 따른 사건기록의 열람을 요청하는 서면을 받은 경우에는 그 요청 서면을 검토하여 열람 허용 여부 및 범위를 신속하게 결정한다.

③ 사법경찰관이 검사에게 열람을 허용할 수 있는 사건기록의 범위는 다음 각 호와 같다. 다만, 예외적으로 그 외 사건기록의 열람을 허용할 필요가 있는 경우에는 달리 정할 수 있다.

1. 범죄인지서
2. 영장신청서
3. 고소장, 고발장

④ 사법경찰관은 별지 제91호서식의 열람허가서에 열람을 허용하는 사건기록의 범위를 기재하여 제2항의 사건기록 중 열람을 허용한 사건기록 등본과 함께 사건기록담당직원에게 인계한다.

⑤ 사건기록담당직원은 검사에게 기록을 열람하게 하고, 관리대장에 열람일시, 열람 검사의 성명 등을 기재한다.

제7장 피해자 보호

제79조(피해자 보호의 원칙)

① 사법경찰관리는 피해자[타인의 범죄행위로 피해를 당한 사람과 그 배우자(사실상의 혼인관계를 포함한다), 직계친족 및 형제자매를 말한다. 이하 이 장에서 같다]의 심정을 이해하고 그 인격을 존중하며 피해자가 범죄피해 상황에서 조속히 회복하여 인간의 존엄성을 보장받을 수 있도록 노력해야 한다.

② 사법경찰관리는 피해자의 명예와 사생활의 평온을 보호하고 해당 사건과 관련하여 각종 법적 절차에 참여할 권리를 보장해야 한다.

제80조(신변보호)

① 수사준칙 제15조제2항에 따른 신변보호에 필요한 조치의 유형은 다음 각 호와 같다.

1. 피해자 보호시설 등 특정시설에서의 보호
2. 신변경호 및 수사기관 또는 법원 출석ㆍ귀가 시 동행
3. 임시숙소 제공
4. 주거지 순찰 강화, 폐쇄회로텔레비전의 설치 등 주거에 대한 보호
5. 그 밖에 비상연락망 구축 등 신변안전에 필요하다고 인정되는 조치

② 범죄신고자 등 참고인으로서 범죄수사와 관련하여 보복을 당할 우려가 있는 경우에 관하여는 제1항을 준용한다.

제81조(피해자에 대한 정보 제공)

사법경찰관리는 피해자를 조사하는 경우 다음 각 호의 정보를 피해자에게 제공해야 한다. 다만, 피해자에 대한 조사를 하지 않는 경우에는 수사준칙 제51조제1항에 따른 결정(이송 결정은 제외한다)을 하기 전까지 정보를 제공해야 한다.

1. 신변보호 신청권, 신뢰관계인 동석권 등 형사절차상 피해자의 권리
2. 범죄피해자구조금, 심리상담ㆍ치료 지원 등 피해자 지원제도 및 지원단체에 관한 정보

3. 그 밖에 피해자의 권리보호 및 복지증진을 위하여 필요하다고 인정되는 정보

◆. 형사소송절차도

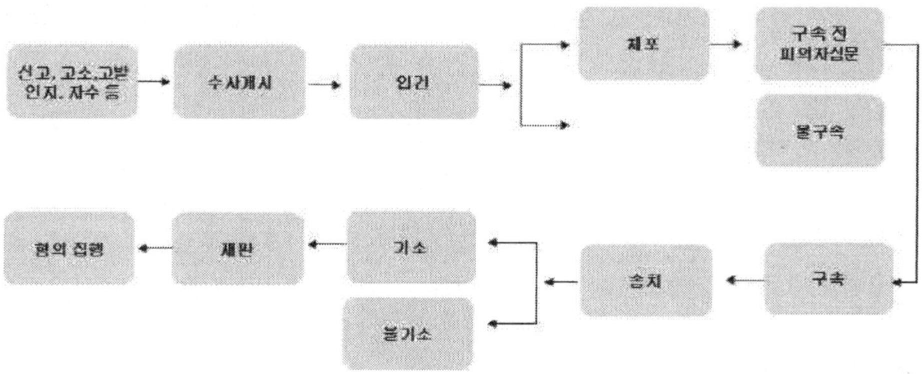

1.범죄 발생 시 대처

◆. 신고, 고소 및 고발

범죄피해자는 범죄 발생 시 수사기관에 범죄사실의 신고 및 고소를 할 수 있습니다[「형사소송법」 제223조 및 「(경찰청)범죄수사규칙」(경찰청훈령 제1057호, 2022. 6. 20. 발령·시행) 제47조제1항].

누구든지 범죄 발생 시 수사기관에 범죄사실을 고발할 수 있습니다(「형사소송법」 제234조제1항).

※ "신고"란 법령에 따라 국가·공공단체 등의 권한 있는 기관에 대해 일정한 사항을 알리는 것을 말합니다.

※ "고소"란 범죄피해자 또는 그와 일정한 관계가 있는 고소권자가 수사기관에 대해 범죄사실을 신고하여 범인의 처벌을 구하는 의사표시를 말합니다.

※ "고발"이란 고소권자와 범인 이외의 사람이 수사기관에 대해 범죄사실을 신고하여 그 소추를 구하는 의사표시를 말합니다.

※ "피의자"란 수사기관에 의해 범죄의 혐의를 받은 사람으로서 아직 공소가 제기되지 않은 사람을 말합니다.

< 출처: 법령용어사례집, 법제처 >

2. 수사단계에서의 보호

◆. 수사단계

범죄피해자는 수사과정에서 범죄피해자의 권리, 수사진행사항 및 사건처분결과 등의 정보를 제공받을 수 있습니다[「형사소송법」 제258조, 제259조, 제259조의2, 「범죄피해자 보호법」 제8조, 제8조의2, 「범죄피해자 보호법 시행령」 제10조, 제10조의2제1항, 「범죄피해자 보호 및 지원에 관한 지침」(대검찰청예규 제1250호, 2021. 12. 3. 발령•시행) 제24조제1항, 제25조, 제27조제1항·제4항, 제28조제1항, 「피해자 보호 및 지원에 관한 규칙」(경찰청 훈령 제1012호, 2021. 4. 30. 발령·시행) 제15조, 제18조), 「경찰수사규칙」 제81조].

범죄피해자는 수사과정에서 참고인으로 진술하거나 피의자심문을 방청하는 등 수사에 참여할 수 있습니다(「형사소송법」 제201조의2, 「범죄피해자 보호법」 제8조, 「형사소송규칙」 제96조의14, 「범죄피해자 보호 및 지원에 관한 지침」 제14조 및 「피해자 보호 및 지원에 관한 규칙」 제15조).

경찰 및 검사는 범죄피해자가 피의자, 그 밖의 사람으로부터 생명신체에 해를 받거나 받을 염려가 있다고 인정되는 때에는 범죄피해자의 신변보호 및 정보보호를 위한 조치를 취할 수 있습니다(「범죄피해자 보호법」 제9조, 「특정강력범죄의 처벌에 관한 특례법」 제7조, 「범죄피해자 보호 및 지원에 관한 지침」 제17조, 제21조, 「피해자 보호 및 지원에 관한 규칙」 제22조, 제28조, , 「(경찰청)범죄수사규칙」 제177조 및 「경찰수사규칙」 제80조).

※ "수사"란 수사기관이 범인 및 증거를 발견, 수집하는 것을 말합니다.

< 출처: 법령용어사례집, 법제처 >

◆. 형사조정

일정한 고소사건 등의 경우 피의자와 범죄피해자 사이에 형사 분쟁을 공정하고 원만하게 해결하여 범죄피해자가 입은 피해를 실질적으로 회복하기 위해 검사는 직권으로 또는 피의자나 범죄피해자의 신청에 의해 수사 중인 형사사건을 형사조정에 회부할 수 있습니다(「범죄피해자 보호법」 제41조).

3. 공판단계에서의 보호

◆. 공판단계

-범죄피해자는 공판과정에서 범죄피해자의 권리, 공판개시 및 재판결과 등의 정보를 제공해야 합니다(「형사소송법」 제259조의2, 「범죄피해자 보호법」 제8조제2항, 제8조의2, 「소송촉진 등에 관한 특례법」 제25조의2, 「범죄피해자 보호법 시행령」 제10조, 제10조의2제1항 및 「범죄피해자 보호 및 지원에 관한 지침」 제24조제1항, 제25조제2호부터 제4호까지, 제27조제2항부터 제4항까지 및 제28조제1항).

-범죄피해자는 공판과정에서 증인으로 진술하는 등 공판에 참여할 수 있습니다(「형사소송법」 제294조의2제1항·제3항제4항 및 「범죄피해자 보

호법」 제8조제1항).

–검사는 범죄피해자가 가해자, 그 밖의 사람으로부터 생명신체에 해를 받거나 받을 염려가 있다고 인정되는 때에는 범죄피해자의 신변보호 및 정보보호를 위한 조치를 취할 수 있습니다(「범죄피해자 보호법」 제9조제2항, 「특정강력범죄의 처벌에 관한 특례법」 제7조, 「형사소송규칙」 제38조의2제1항, 「범죄피해자 보호 및 지원에 관한 지침」 제17조 및 제21조).

※ "공판"이란 공소가 제기되어 법원에 계속된 이후 그 소송절차가 종결될 때까지의 전 절차를 말합니다.
< 출처: 법령용어사례집, 법제처 >

4. 배상

◆. 형사절차에서의 화해
형사사건의 피고인과 범죄피해자 사이에 민사상 다툼(해당 형사사건과 관련된 범죄피해에 관한 다툼을 포함하는 경우만 해당)에 관해 합의가 있는 경우에 법원에 합의 사실을 공판조서에 기재해 줄 것을 신청할 수 있습니다(「소송촉진 등에 관한 특례법」 제36조제1항).

※ "화해"란 당사자가 서로 양보하여 당사자 사이의 분쟁을 종지할 것을 약정함으로써 성립하는 계약을 말합니다.

< 출처: 법령용어사례집, 법제처 >

◆. 배상명령
법원이 일정한 범죄에 대해 제1심 또는 제2심의 형사공판절차에서 유죄판결을 선고할 경우에 해당 범죄피해자 또는 그 상속인은 범죄행위로 발생한 직접적인 물적 피해 및 치료비의 손해 또는 피고인과 범죄피해자 사이에 합의된 손해배상액에 관해 배상을 신청할 수 있습니다(「소송촉진 등에 관

한 특례법」 제25조).

◆. 손해배상

범죄피해자는 범죄로 인한 손해에 대해 합의나 조정, 소액사건심판, 지급명령 또는 민사소송 등의 방법으로 배상을 받을 수 있습니다(「소액사건심판법」 제2조, 「민사조정법」 제2조, 「민사소송법」 제248조 및 제462조).

※ "소액사건심판"이란 분쟁금액이 3,000만원을 초과하지 않는 금전, 그 밖의 대체물이나 유가증권의 일정한 수량의 지급을 목적으로 하는 제1심의 민사사건소액인 민사사건을 신속하게 처리하기 위해 재판절차를 모두 밟지 않는 간이절차 방식의 소송을 말합니다(「소액사건심판법」 제1조, 제2조 제1항 및 「소액사건심판규칙」 제1조의2 본문).

※ "지급명령(독촉절차)"이란 금전, 그 밖에 대체물이나 유가증권의 일정수량의 지급을 목적으로 하는 청구에 관해 채권자의 신청이 있으면 채무자를 신문하지 않고 채무자에게 그 지급을 명하는 재판을 말합니다(「민사소송법」 제462조 및 법령용어사례집, 법제처).

※ "민사조정"이란 법관이나 법원에 설치된 조정위원회가 민사에 관한 분쟁 당사자의 주장을 듣고 관련 자료 등 여러 사항을 검토해서 당사자들의 합의를 주선함으로써 조정을 하는 제도를 말합니다(「민사조정법」 제1조 및 제2조).

※ "민사소송"이란 사법상의 권리 또는 법률관계에 대한 다툼을 법원이 국가의 재판권에 의해 법률적·강제적으로 해결·조정하기 위한 일련의 절차를 말합니다 <출처: 법령용어사례집, 법제처>.

5. 형집행단계에서의 보호

◆. 형집행단계

<table>
<tr><td>

범죄피해자는 수용기관 등에 요청한 경우 형집행 및 보호관찰 집행 상황 등의 정보를 제공받을 수 있습니다(「범죄피해자 보호법」 제8조, 「범죄피해자 보호법 시행령」 제10조, 「범죄피해자 보호 및 지원에 관한 지침」 제24조제1항, 제25조제5호, 제27조제5항 및 제28조제1항).

※ "형집행"이란 선고된 형벌을 집행하는 것을 말합니다.

※ "보호관찰"이란 범죄인에게 형벌을 집행하지 않고, 정상적인 사회생활을 영위하게 하면서 보호관찰기관의 지도 및 감독을 받도록 함으로써 범죄인의 사회복귀를 도모하는 처분을 말합니다.

< 출처: 법령용어사례집, 법제처 >

</td></tr>
<tr><td>

－이 정보는 2022년 10월 15일 기준으로 작성된 것입니다.
생활법령정보는 법적 효력을 갖는 유권해석(결정, 판단)의 근거가 되지 않고, 각종 신고, 불복 청구 등의 증거자료로서의 효력은 없습니다.
구체적인 법령에 대한 질의는 담당기관이나 국민신문고에 문의하시기 바랍니다.
위 내용에 대한 오류 및 개선의견은 홈페이지 불편사항신고를 이용해 주시기 바랍니다.

</td></tr>
</table>

제82조(회복적 대화)

① 사법경찰관리는 피해자가 입은 피해의 실질적인 회복 등을 위하여 필요하다고 인정하면 피해자 또는 가해자의 신청과 그 상대방의 동의에 따라 서로 대화할 수 있는 기회를 제공할 수 있다.

② 제1항에 따라 대화 기회를 제공하는 경우 사법경찰관리는 피해자와 가해자 간 대화가 원활하게 진행될 수 있도록 전문가에게 회복적 대화 진행을 의뢰할 수 있다.

제83조(범죄피해의 평가)

사법경찰관리는 피해자의 피해정도를 파악하고 보호ㆍ지원의 필요성을 판단하기 위해 범죄피해평가를 실시할 수 있으며, 일정한 자격을 갖춘 단체 또는 개인에게 이를 의뢰할 수 있다.

제8장 수사서류 및 형사사법정보시스템

제84조(문서의 서식)

이 규칙에서 정한 서식 외에 단순하고 정형적인 사건의 수사 등에 사용하는 서식은 경찰청장이 정한다.

제85조(장부와 비치서류)

① 사법경찰관은 수사에 필요한 장부와 서류철을 갖추어 두고 보존기간을 정하여 관리해야 한다.

② 제1항의 장부와 서류철은 형사사법정보시스템을 통해 전자적으로 작성·저장·관리·보존할 수 있다. 이 경우 전자 장부와 서류철은 종이 장부와 서류철의 개별 항목을 포함해야 한다.

제86조(범죄통계원표)

사법경찰관리는 범죄를 수사한 경우에는 형사사법정보시스템을 이용하여 사건마다 범죄통계원표를 작성한다.

제87조(수사서류 열람·복사)

① 수사준칙 제69조(같은 영 제16조제6항에서 준용하는 경우를 포함한다)에 따른 수사서류 열람·복사 신청은 해당 수사서류를 보유·관리하는 경찰관서의 장에게 해야 한다.

② 제1항의 신청을 받은 경찰관서의 장은 신청을 받은 날부터 10일 이내에 다음 각 호의 어느 하나에 해당하는 결정을 해야 한다.

1. 공개 결정: 신청한 서류 내용 전부의 열람·복사를 허용

2. 부분공개 결정: 신청한 서류 내용 중 일부의 열람·복사를 허용
3. 비공개 결정: 신청한 서류 내용의 열람·복사를 불허용

③ 경찰관서의 장은 제2항에도 불구하고 피의자 및 사건관계인, 그 변호인이 조사 당일 본인의 진술이 기재된 조서에 대해 열람·복사를 신청하는 경우에는 공개 여부에 대해 지체 없이 검토한 후 제공 여부를 결정해야 한다.

④ 경찰관서의 장은 해당 관서에서 보유·관리하지 않는 수사서류에 대해 열람·복사 신청을 접수한 경우에는 그 신청을 해당 수사서류를 보유·관리하는 기관으로 이송하거나 신청인에게 부존재 통지를 해야 한다.

⑤ 경찰관서의 장은 제2항제1호 또는 제2호에 따라 수사서류를 제공하는 경우에는 사건관계인의 개인정보가 공개되지 않도록 비실명처리 등 보호조치를 해야 한다.

⑥ 제1항부터 제5항까지에서 규정한 사항 외에 수사서류 열람·복사에 필요한 세부 사항은 경찰청장이 따로 정한다.

제9장 특칙

제1절 전자약식사건

제88조(전자약식절차)

① 사법경찰관리는 「약식절차 등에서의 전자문서 이용 등에 관한 법률」(이하 "약식전자문서법"이라 한다) 제3조에따른 같은 법의 적용 대상 사건을 수사하는 경우에는 피의자를 신문하기 전에 전자문서 등을 이용하여 처리되는 약식절차(이하 이 조에서 "전자약식절차"라 한다)에 관하여 안내하고 동의 여부를 확인해야 한다. 이 경우 피의자가 동의

하면 별지 제92호서식의 전자약식절차 동의서를 형사사법정보시스템을 통해 전자문서로 작성해야 한다.

② 사법경찰관리는 제1항에도 불구하고 약식전자문서법 제3조제3항제2호에 해당하여 전자약식절차에 따르는 것이 적절하지 않은 경우에는 그 취지를 적은 수사보고서를 작성하여 사건기록에 편철해야 한다.

제2절 소년·장애인·외국인 등 사건

제89조(소년에 대한 조사)

① 사법경찰관리는 소년을 조사하는 경우에는 행위의 동기, 그 소년의 성품과 행실, 경력, 가정 상황, 교우관계, 그 밖의 환경 등을 상세히 조사하여 그 결과를 서면으로 적어야 한다.

② 사법경찰관리는 소년에 대한 출석요구나 조사를 하는 경우에는 지체 없이 그 소년의 보호자 또는 보호자를 대신하여 소년을 보호할 수 있는 사람에게 연락해야 한다. 다만, 연락하는 것이 그 소년의 복리상 부적당하다고 인정되는 경우에는 그렇지 않다.

③ 사법경찰관리는 소년인 피의자에 대해서는 가급적 구속을 피하고, 부득이하게 체포ㆍ구속 또는 임의동행하는 경우에는 그 시기와 방법에 특히 주의해야 한다.

④ 사법경찰관리는 소년인 피의자가 체포ㆍ구속된 경우에는 다른 사건보다 우선하여 그 사건을 조사하는 등 신속한 수사를 위해 노력해야 한다.

소년사건의 수사 및 보호 처분

※ 소년사건에서의 소년에 대한 조사

— 사법경찰관리는 소년을 조사하는 경우에는 행위의 동기, 그 소년의 성품과 행실, 경력, 가정 상황, 교우관계, 그 밖의 환경 등을 상세히 조사해 그 결과를 서면으로 적어야 합니다(「경찰수사규칙」 제89조제1항).

※. 소년사건에서 "소년"이란, 만 19세 미만인 사람을 말합니다(「소년법」 제2조).

— 사법경찰관리는 소년에 대한 출석요구나 조사를 하는 경우에는 지체 없이 그 소년의 보호자 또는 보호자를 대신하여 소년을 보호할 수 있는 사람에게 연락해야 합니다. 다만, 연락하는 것이 그 소년의 복리상 부적당하다고 인정되는 경우에는 그렇지 않습니다(「경찰수사규칙」 제89조제2항).

— 사법경찰관리는 소년인 피의자에 대해서는 가급적 구속을 피하고, 부득이하게 체포·구속 또는 임의동행하는 경우에는 그 시기와 방법에 특히 주의해야 합니다(「경찰수사규칙」 제89조제3항).

— 사법경찰관리는 소년인 피의자가 체포·구속된 경우에는 다른 사건보다 우선해 그 사건을 조사하는 등 신속한 수사를 위해 노력해야 합니다(「경찰수사규칙」 제89조제4항).

※ 소년사건의 송치 등

— 경찰서장은 소년 보호사건을 법원에 송치하는 경우에는 소년 보호사건 송치서를 작성하여 사건기록에 편철하고 관계 서류와 증거물을 관할 가정법원 소년부 또는 지방법원 소년부에 송부해야 합니다(「소년

법」 제4조제1항제2호·제3호 및 「경찰수사규칙」 제107조제1항).

° 피의자가 폭행·상해사건을 저지른 만 10세 이상 14세 미만의 소년인 경우

° 다음에 해당하는 사유가 있고 그의 성격이나 환경에 비추어 앞으로 형벌 법령에 저촉되는 행위를 할 우려가 있는 10세 이상인 소년

가. 집단적으로 몰려다니며 주위 사람들에게 불안감을 조성하는 성벽(性癖)이 있는 것
나. 정당한 이유 없이 가출하는 것
다. 술을 마시고 소란을 피우거나 유해환경에 접하는 성벽이 있는 것

※ 보호 처분

— 가해자가 만 14세 미만인 소년인 경우에는 「형법」에 따른 형사처벌을 받지 않지만(「형법」 제9조), 만 10세 이상 14세 미만인 소년이라면 「소년법」에 따른 보호사건으로서 보호 처분 등을 받을 수 있습니다.

※. 미성년자의 보호 처분에 대한 자세한 내용은 이 사이트 『학교폭력』의 <학교폭력 사후대처-법원에서의 해결: 형사사건-가해자가 14세 미만인 경우> 부분에서 확인할 수 있습니다.

제90조(장애인에 대한 조사)

사법경찰관리는 청각장애인 및 언어장애인이나 그 밖에 의사소통이 어려운 장애인을 조사하는 경우에는 직권으로 또는 장애인 본인, 보호자, 법정대리인 등의 신청에 따라 수화·문자통역을 제공하거나 의사소통을 도울 수 있는 사람을 참여시켜야 한다.

제91조(외국인에 대한 조사)

① 사법경찰관리는 외국인을 조사하는 경우에는 조사를 받는 외국인이 이해할 수 있는 언어로 통역해 주어야 한다.

② 사법경찰관리는 외국인을 체포·구속하는 경우 국내 법령을 위반하지 않는 범위에서 영사관원과 자유롭게 접견·교통할 수 있고, 체포·구속된 사실을 영사기관에 통보해 줄 것을 요청할 수 있다는 사실을 알려야 한다.

③ 사법경찰관리는 체포·구속된 외국인이 제2항에 따른 통보를 요청하는 경우에는 별지 제93호서식의 영사기관 체포·구속 통보서를 작성하여 지체 없이 해당 영사기관에 체포·구속 사실을 통보해야 한다.

④ 사법경찰관리는 외국인 변사사건이 발생한 경우에는 제94호서식의 영사기관 사망 통보서를 작성하여 지체 없이 해당 영사기관에 통보해야 한다.

제92조(한미행정협정사건의 통보)

① 사법경찰관은 주한 미합중국 군대의 구성원·외국인군무원 및 그 가족이나 초청계약자의 범죄 관련 사건을 인지하거나 고소·고발 등을 수리한 때에는 7일 이내에 별지 제95호서식의 한미행정협정사건 통보서를 검사에게 통보해야 한다.

② 사법경찰관은 주한 미합중국 군당국으로부터 공무증명서를 제출받은 경우 지체 없이 공무증명서의 사본을 검사에게 송부해야 한다.

③ 사법경찰관은 검사로부터 주한 미합중국 군당국의 재판권포기 요청 사실을 통보받은 날부터 14일 이내에 검사에게 사건을 송치 또는 송부해야 한다. 다만, 검사의 동의를 받아 그 기간을 연장할 수 있다.

제3절 보전절차

제93조(몰수·부대보전 신청)

사법경찰관은 관계 법령에 따라 검사에게 몰수ㆍ부대보전을 신청하는 경우에는 별지 제96호서식의 몰수ㆍ부대보전 신청서에 따른다.

제94조(추징보전의 신청)

① 사법경찰관은 관계 법령에 따라 검사에게 추징보전을 신청하는 경우에는 별지 제97호서식의 추징보전 신청서에 따른다.

② 사법경찰관은 검사에게 추징보전명령의 취소를 신청하는 경우에는 별지 제98호서식의 추징보전명령 취소 신청서에 따른다.

제4편 수사종결 등

제1장 통칙

제95조(장기사건 수사종결)

① 사법경찰관리는 범죄 인지 후 1년이 지난 사건에 대해서는 수사준칙 제51조제1항에 따른 결정을 해야 한다. 다만, 다수의 사건관계인 조사, 관련 자료 추가확보·분석, 외부 전문기관 감정의 장기화, 범인 미검거 등으로 계속하여 수사가 필요한 경우에는 해당 사법경찰관리가 소속된 바로 위 상급경찰관서 수사 부서의 장의 승인을 받아 연장할 수 있다.

② 사법경찰관리는 제1항 단서에 따른 승인을 받으려면 수사기간 연장의 필요성을 소명해야 한다.

제96조(사건 이송)

① 사법경찰관은 사건이 다음 각 호의 어느 하나에 해당하는 경우에는 해당 사건을 다른 경찰관서 또는 기관에 이송해야 한다.

1. 사건의 관할이 없거나 다른 기관의 소관 사항에 관한 것인 경우
2. 법령에서 다른 기관으로 사건을 이송하도록 의무를 부여한 경우

② 사법경찰관은 사건이 다음 각 호의 어느 하나에 해당하는 경우에는 해당 사건을 다른 경찰관서 또는 기관(해당 기관과 협의된 경우로 한정한다)에 이송할 수 있다.

1. 다른 사건과 병합하여 처리할 필요가 있는 등 다른 경찰관서 또는 기관에서 수사하는 것이 적절하다고 판단하는 경우
2. 해당 경찰관서에서 수사하는 것이 부적당한 경우

③ 사법경찰관은 제1항 또는 제2항에 따라 사건을 이송하는 경우에는 별지 제99호서식의 사건이송서를 사건기록에 편철하고 관계 서류와 증거물을 다른 경찰관서 또는 기관에 송부해야 한다.

제97조(수사 결과의 통지)

① 사법경찰관은 수사준칙 제53조에 따라 피의자와 고소인등에게 수사 결과를 통지하는 경우에는 사건을 송치하거나 사건기록을 송부한 날부터 7일 이내에 해야 한다. 다만, 피의자나 고소인등의 연락처를 모르거나 소재가 확인되지 않는 경우에는 연락처나 소재를 안 날부터 7일 이내에 통지를 해야 한다.

② 제1항의 통지(법 제245조의6에 따른 고소인등에 대한 불송치 통지는 제외한다)는 서면, 전화, 팩스, 전자우편, 문자메시지 등 피의자나 고소인등이 요청한 방법으로 할 수 있으며, 별도로 요청한 방법이 없는 경우에는 서면으로 한다. 이 경우 서면으로 하는 통지는 별지 제100호서식부터 별지 제102호서식까지의 수사결과 통지서에 따른다.

③ 법 제245조의6에 따른 고소인등에 대한 불송치 통지는 별지 제103호서식의 수사결과 통지서에 따른다.

④ 사법경찰관은 서면으로 통지한 경우에는 그 사본을, 그 외의 방법으로 통지한 경우에는 그 취지를 적은 서면을 사건기록에 편철해야 한다.

⑤ 수사준칙 제53조제2항에 따른 고소인등의 통지 요구는 별지 제104호서식의 불송치 통지요구서에 따른다.

⑥ 사법경찰관은 고소인, 고발인 또는 피의자가 불송치 결정에 관한 사실증명을 청구한 경우에는 지체 없이 별지 제105호서식 또는 별지 제106호서식의 불송치 결정 증명서를 발급해야 한다.

⑦ 사법경찰관은 고소인등에게 수사중지 결정의 통지를 하는 경우에는 수사준칙 제54조제3항에 따라 검사에게 신고할 수 있다는 내용을 통지서에 기재해야 한다.

제2장 수사중지

제98조(수사중지 결정)

① 사법경찰관은 다음 각 호의 구분에 해당하는 경우에는 그 사유가 해소될 때까지 수사준칙 제51조제1항제4호에 따른 수사중지 결정을 할 수 있다.

1. 피의자중지: 다음 각 목의 어느 하나에 해당하는 경우
   가. 피의자가 소재불명인 경우
   나. 2개월 이상 해외체류, 중병 등의 사유로 상당한 기간 동안 피의자나 참고인에 대한 조사가 불가능하여 수사를 종결할 수 없는 경우
   다. 의료사고ㆍ교통사고ㆍ특허침해 등 사건의 수사 종결을 위해 전문가의 감정이 필요하나 그 감정에 상당한 시일이 소요되는 경우
   라. 다른 기관의 결정이나 법원의 재판 결과가 수사의 종결을 위해 필요하나 그 결정이나 재판에 상당한 시일이 소요되는 경우
   마. 수사의 종결을 위해 필요한 중요 증거자료가 외국에 소재하고 있어 이를 확보하는 데 상당한 시일이 소요되는 경우
2. 참고인중지: 참고인ㆍ고소인ㆍ고발인ㆍ피해자 또는 같은 사건 피의자의 소재불명으로 수사를 종결할 수 없는 경우

② 사법경찰관은 제1항에 따라 수사중지의 결정을 하는 경우에는 별지 제107호서식의 수사중지 결정서를 작성하여 사건기록에 편철해야 한다.

③ 사법경찰관은 수사준칙 제51조제4항에 따라 검사에게 사건기록을 송부하는 경우에는 별지 제108호서식의 수사중지 사건기록 송부서를 사건기록에 편철해야 한다.

④ 사법경찰관리는 제1항제1호나목 또는 다목의 사유로 수사중지 결정을 한 경우에는 매월 1회 이상 해당 수사중지 사유가 해소되었는지를 확인해야 한다.

제99조(소재수사 등)

① 사법경찰관은 소재불명의 사유로 수사중지를 하려는 경우에는 별지 제

109호서식의 소재수사 보고서를 작성하여 사건기록에 편철해야 한다.

② 사법경찰관리는 소재불명의 사유로 수사중지된 사건의 경우 매 분기 1회 이상 소재수사를 하는 등 수사중지 사유 해소를 위해 노력해야 한다.

제100조(수사중지 시 지명수배·지명통보)

사법경찰관은 피의자의 소재불명을 이유로 수사중지 결정을 하려는 경우에는 지명수배 또는 지명통보를 해야 한다.

제101조(수사중지 결정에 대한 이의제기 절차)

① 수사준칙 제54조제1항에 따라 이의제기를 하려는 사람은 수사중지 결정을 통지받은 날부터 30일 이내에 해당 사법경찰관이 소속된 바로 위 상급경찰관서의 장(이하 "소속상급경찰관서장"이라 한다)에게 별지 제110호서식의 수사중지 결정 이의제기서를 제출해야 한다.

② 제1항에 따른 이의제기서는 해당 사법경찰관이 소속된 경찰관서에 제출할 수 있다. 이 경우 이의제기서를 제출받은 경찰관서의 장은 이를 지체 없이 소속상급경찰관서장에게 송부해야 한다.

③ 소속상급경찰관서장은 제1항 또는 제2항에 따라 이의제기서를 제출받거나 송부받은 날부터 30일 이내에 다음 각 호의 구분에 따른 결정을 하고 해당 사법경찰관의 소속수사부서장에게 이를 통보해야 한다.

1. 이의제기가 이유 있는 경우: 수용
  가. 사건 재개 지시. 이 경우 담당 사법경찰관리의 교체를 함께 지시할 수 있다.
  나. 상급경찰관서 이송 지시
2. 이의제기가 이유 없는 경우: 불수용

④ 제3항제1호에 따른 결정을 통보받은 소속수사부서장은 지체 없이 이를 이행하고 소속상급경찰관서장에게 이행 결과를 보고해야 한다.

⑤ 소속상급경찰관서장은 제3항의 결정을 한 날부터 7일 이내에 별지 제111호서식의 수사중지사건 이의처리결과 통지서에 처리 결과와 그 이

유를 적어 이의를 제기한 사람에게 통지해야 한다.

⑥ 사법경찰관은 제1항부터 제4항까지의 규정에 따른 절차의 진행 중에 수사준칙 제51조제4항 후단에 따라 검사의 시정조치요구를 받은 경우에는 지체 없이 소속상급경찰관서장에게 보고해야 한다.

제102조(수사중지사건 수사재개)

① 사법경찰관은 수사중지된 사건의 피의자를 발견하는 등 수사중지 사유가 해소된 때에는 별지 제112호서식의 수사중지사건 수사재개서를 작성하여 사건기록에 편철하고 즉시 수사를 진행해야 한다.

② 사법경찰관은 수사준칙 제51조제5항 전단에 따라 피의자 등의 소재 발견 및 수사 재개 사실을 검사에게 통보하는 경우에는 별지 제113호서식의 피의자 등 소재발견 통보서에 따른다.

제3장 사건송치와 보완수사

제103조(송치 서류)

① 수사준칙 제58조제1항에 따른 송치 결정서는 별지 제114호서식에 따르고, 압수물 총목록은 별지 제115호서식에 따르며, 기록목록은 별지 제116호서식에 따른다.

② 송치 서류는 다음 순서에 따라 편철한다.

1. 별지 제117호서식의 사건송치서
2. 압수물 총목록
3. 법 제198조제3항에 따라 작성된 서류 또는 물건 전부를 적은 기록목록
4. 송치 결정서
5. 그 밖의 서류

③ 수사준칙 제58조에 따라 사건을 송치하는 경우에는 소속경찰관서장

또는 소속수사부서장의 명의로 한다.

④ 제1항의 송치 결정서는 사법경찰관이 작성해야 한다.

제104조(추가송부)

수사준칙 제58조제3항에 따른 추가송부서는 별지 제118호서식에 따른다.

제105조(보완수사요구의 결과 통보 등)

① 사법경찰관은 법 제197조의2제2항에 따라 보완수사 이행 결과를 통보하는 경우에는 별지 제119호서식의 보완수사 결과 통보서에 따른다. 다만, 수사준칙 제59조에 따른 보완수사요구의 대상이 아니거나 그 범위를 벗어난 경우 등 정당한 이유가 있어 보완수사를 이행하지 않은 경우에는 그 내용과 사유를 보완수사 결과 통보서에 적어 검사에게 통보해야 한다.

② 사법경찰관은 법 제197조의2제1항제1호에 따른 보완수사요구 결과를 통보하면서 새로운 증거물, 서류 및 그 밖의 자료를 검사에게 송부하는 경우에는 수사준칙 제58조제3항에 따른다.

③ 사법경찰관은 법 제197조의2제1항제2호에 따른 보완수사요구를 이행한 경우에는 다음 각 호의 구분에 따라 처리한다.

1. 기존의 영장 신청을 유지하는 경우: 제1항의 보완수사 결과 통보서를 작성하여 관계 서류와 증거물과 함께 검사에게 송부
2. 기존의 영장 신청을 철회하는 경우: 제1항의 보완수사 결과 통보서에 그 내용과 이유를 적어 검사에게 통보

④ 사법경찰관은 수사준칙 제60조제4항에 따라 사건을 불송치하거나 수사중지하는 경우에는 기존 송치 결정을 취소해야 한다.

제106조(직무배제 또는 징계 요구의 처리 등)

① 소속경찰관서장은 수사준칙 제61조제2항에 따라 직무배제를 하는 경우 지체 없이 사건 담당 사법경찰관리를 교체해야 한다.

② 소속경찰관서장은 수사준칙 제61조제3항에 따라 직무배제 또는 징계 요구의 처리 결과와 그 이유를 통보하는 경우에는 별지 제120호서식

의 직무배제요구 처리결과 통보서 또는 별지 제88호서식의 징계요구 처리결과 통보서에 따른다.

제107조(법원송치)

① 경찰서장은 「소년법」 제4조제2항에 따라 소년 보호사건을 법원에 송치하는 경우에는 별지 제121호서식의 소년 보호사건 송치서를 작성하여 사건기록에 편철하고 관계 서류와 증거물을 관할 가정법원 소년부 또는 지방법원 소년부에 송부해야 한다.

② 제1항의 송치 서류에 관하여는 제103조를 준용한다.

제4장 사건 불송치와 재수사

제108조(불송치 결정)

① 불송치 결정의 주문(主文)은 다음과 같이 한다.

1. 혐의없음

가. 혐의없음(범죄인정안됨): 피의사실이 범죄를 구성하지 않거나 범죄가 인정되지 않는 경우

나. 혐의없음(증거불충분): 피의사실을 인정할 만한 충분한 증거가 없는 경우

2. 죄가안됨: 피의사실이 범죄구성요건에 해당하나 법률상 범죄의 성립을 조각하는 사유가 있어 범죄를 구성하지 않는 경우(수사준칙 제51조제3항제1호는 제외한다)

3. 공소권없음

가. 형을 면제한다고 법률에서 규정한 경우

나. 판결이나 이에 준하는 법원의 재판ㆍ명령이 확정된 경우

다. 통고처분이 이행된 경우

라. 사면이 있는 경우

마. 공소시효가 완성된 경우

바. 범죄 후 법령의 개정·폐지로 형이 폐지된 경우

사. 「소년법」, 「가정폭력범죄의 처벌 등에 관한 특례법」, 「성매매알선 등 행위의 처벌에 관한 법률」 또는 「아동학대범죄의 처벌 등에 관한 특례법」에 따른 보호처분이 확정된 경우(보호처분이 취소되어 검찰에 송치된 경우는 제외한다)

아. 동일사건에 대하여 재판이 진행 중인 경우(수사준칙 제51조제3항제2호는 제외한다)

자. 피의자에 대하여 재판권이 없는 경우

차. 친고죄에서 고소가 없거나 고소가 무효 또는 취소된 경우

카. 공무원의 고발이 있어야 공소를 제기할 수 있는 죄에서 고발이 없거나 고발이 무효 또는 취소된 경우

타. 반의사불벌죄(피해자의 명시한 의사에 반하여 공소를 제기할 수 없는 범죄를 말한다)에서 처벌을 희망하지 않는 의사표시가 있거나 처벌을 희망하는 의사표시가 철회된 경우, 「부정수표 단속법」에 따른 수표회수, 「교통사고처리 특례법」에 따른 보험가입 등 법률에서 정한 처벌을 희망하지 않는 의사표시에 준하는 사실이 있는 경우

파. 동일사건에 대하여 공소가 취소되고 다른 중요한 증거가 발견되지 않은 경우

하. 피의자가 사망하거나 피의자인 법인이 존속하지 않게 된 경우

4. 각하: 고소·고발로 수리한 사건에서 다음 각 목의 어느 하나에 해당하는 사유가 있는 경우

가. 고소인 또는 고발인의 진술이나 고소장 또는 고발장에 따라 제1호부터 제3호까지의 규정에 따른 사유에 해당함이 명백하여 더 이상 수사를 진행할 필요가 없다고 판단되는 경우

나. 동일사건에 대하여 사법경찰관의 불송치 또는 검사의 불기소가 있었던 사실을 발견한 경우에 새로운 증거 등이 없어 다시 수사해

도 동일하게 결정될 것이 명백하다고 판단되는 경우

다. 고소인ㆍ고발인이 출석요구에 응하지 않거나 소재불명이 되어 고소인ㆍ고발인에 대한 진술을 청취할 수 없고, 제출된 증거 및 관련자 등의 진술에 의해서도 수사를 진행할 필요성이 없다고 판단되는 경우

라. 고발이 진위 여부가 불분명한 언론 보도나 인터넷 등 정보통신망의 게시물, 익명의 제보, 고발 내용과 직접적인 관련이 없는 제3자로부터의 전문(傳聞)이나 풍문 또는 고발인의 추측만을 근거로 한 경우 등으로서 수사를 개시할 만한 구체적인 사유나 정황이 충분하지 않은 경우

② 사법경찰관은 압수물의 환부 또는 가환부를 받을 사람이 없는 등 특별한 사유가 있는 경우를 제외하고는 제1항에 따른 결정을 하기 전에 압수물 처분을 완료하도록 노력해야 한다. 수사준칙 제64조제1항제2호에 따라 재수사 결과를 처리하는 경우에도 또한 같다.

제109조(불송치 서류)

① 수사준칙 제62조제1항에 따른 불송치 결정서는 별지 제122호서식에 따르고, 압수물 총목록은 별지 제115호서식에 따르며, 기록목록은 별지 제116호서식에 따른다.

② 불송치 서류는 다음 순서에 따라 편철한다.

1. 별지 제123호서식의 불송치 사건기록 송부서
2. 압수물 총목록
3. 법 제198조제3항에 따라 작성된 서류 또는 물건 전부를 적은 기록목록
4. 불송치 결정서
5. 그 밖의 서류

③ 불송치 사건기록 송부서 명의인 및 불송치 결정서 작성인에 관하여는 제103조제3항 및 제4항을 준용한다.

제110조(일부 결정 시 조치 등)

① 하나의 사건에 수사준칙 제51조제1항제2호부터 제4호까지의 규정에 따른 검찰송치, 불송치 및 수사중지 결정이 병존하는 병존사건의 경우 사법경찰관은 기록을 분리하여 송치 및 송부하도록 노력해야 한다.

② 제1항에도 불구하고 기록을 분리할 수 없는 경우에 사법경찰관은 관계 서류와 증거물을 원본과 다름이 없음을 인증하여 등사 보관하고 송치 결정서, 불송치 결정서 및 수사중지 결정서를 작성하여 그 결정서별로 압수물 총목록과 기록목록 등을 첨부한 후 각 별책으로 편철하여 관계 서류와 증거물 원본과 함께 검사에게 송치 및 송부한다.

③ 검사가 제2항에 따라 송치 및 송부된 사건을 공소제기(수사준칙 제52조제1항제7호에 따른 이송 중 타 기관 이송 및 같은 항 제8호부터 제11호까지의 규정에 따른 사건송치 결정을 포함한다)한 이후, 사법경찰관이 고소인등의 이의신청에 따라 사건을 송치하거나 수사중지 사건을 재개수사하여 송치 또는 송부할 때에는 추가된 새로운 증거물, 관계 서류와 함께 제2항의 관계 서류와 증거물 등본 중 관련 부분을 검사에게 송부해야 한다. 다만, 고소인등의 이의신청이나 수사중지 사건의 재개에 따라 불송치하거나 수사중지 결정한 부분을 모두 송치 또는 송부하는 경우에는 등본 전체를 검사에게 송부해야 한다.

제111조(혐의없음 결정 시의 유의사항)

사법경찰관은 고소 또는 고발 사건에 관하여 제108조제1항제1호의 혐의없음 결정을 하는 경우에는 고소인 또는 고발인의 무고혐의의 유무를 판단해야 한다.

제112조(재수사 결과의 처리)

① 사법경찰관은 수사준칙 제64조제1항제1호에 따라 사건을 송치하는 경우에는 기존 불송치 결정을 취소해야 한다.

② 사법경찰관은 수사준칙 제64조제2항 단서에 따라 사건을 송치하는 경우에는 기존 불송치 결정을 변경해야 한다.

③ 수사준칙 제64조제1항제2호에 따른 재수사 결과서는 별지 제124호서

식에 따른다.

제113조(고소인등의 이의신청)

① 법 제245조의7제1항에 따른 이의신청은 별지 제125호서식의 불송치 결정 이의신청서에 따른다.

② 사법경찰관은 제1항의 이의신청이 있는 경우 지체 없이 수사준칙 제58조제1항에 따라 사건을 송치한다. 이 경우 관계 서류와 증거물을 검사가 보관하는 경우(제110조제3항을 적용받는 경우는 제외한다)에는 관계 서류 및 증거물을 송부하지 않고 사건송치서 및 송치 결정서만으로 사건을 송치한다.

③ 사법경찰관은 법 제245조의7제2항에 따라 신청인에게 통지하는 경우에는 서면, 전화, 팩스, 전자우편, 문자메시지 등 신청인이 요청한 방법으로 통지할 수 있으며, 별도로 요청한 방법이 없는 경우에는 서면 또는 문자메시지로 한다. 이 경우 서면으로 하는 통지는 별지 제126호서식의 이의신청에 따른 사건송치 통지서에 따른다.

④ 사법경찰관은 법 제245조의7제2항에 따라 사건을 송치하는 경우에는 기존 불송치 결정을 변경해야 한다.

부칙 <제233호, 2020. 12. 31.>

제1조(시행일) 이 규칙은 2021년 1월 1일부터 시행한다.

제2조(일반적 적용례) 이 규칙은 이 규칙 시행 당시 수사 중이거나 법원에 계속 중인 사건에도 적용한다.

각 종 서 식

■ [별지 제1호서식] 의견요청서(중요사건)

소속관서

제 0000-00000 호 0000.00.00.

수 신 : 검찰청의 장 (검사: 검사명)

제 목 : 의견요청서(중요사건)

「검사와 사법경찰관의 상호협력과 일반적 수사준칙에 관한 규정」 제7조에 따라 아래 사건에 대하여 의견을 제시·교환할 것을 요청합니다.

사건번호				
피의자	성 명		주민등록번호	
	직 업			
	주 거			
죄 명				

내 용

비 고	

소속관서

사법경찰관/리 계급

210㎜ × 297㎜(백상지 80g/㎡)

■ [별지 제2호서식] 의견서(중요사건 · 협의요청)

소속관서

제 0000-00000 호 0000.00.00.

수 신 : 검찰청의 장 (검사: 검사명)

제 목 : 의견서(중요사건 · 협의요청)

「검사와 사법경찰관의 상호협력과 일반적 수사준칙에 관한 규정」(제7조 · 제8조)에 따라 아래 사건에 관한 검사 (검사명)의 (의견 · 협의)요청에 대하여 다음과 같이 의견을 제시합니다.

사건번호				
피의자	성 명		주민등록번호	
	직 업			
	주 거			
죄 명				
내 용				
비 고				

소속관서

사법경찰관/리 계

210㎜ × 297㎜(백상지 80g/㎡)

■ [별지 제3호서식] 소재불명자 발견 통보서(피의자)

소 속 관 서

제 0000-00000 호 0000.00.00.

수 신 : 검찰청의 장 (검사: 검사명)

제 목 : 소재불명자 발견 통보서(피의자)

「검사와 사법경찰관의 상호협력과 일반적 수사준칙에 관한 규정」 제55조제1항에 따라 귀청에서 기소중지한 아래 사람을 다음과 같이 발견하였으므로 통보합니다.

피의자	성 명	
	주민등록번호	
	직 업	
	주 거	
죄 명		
송 치 일 자		
송 치 번 호		
사 건 번 호		
발 견 경 위		
비 고		
첨 부		

소속관서

사법경찰관/리 계급

210㎜ × 297㎜(백상지 80g/㎡)

■ [별지 제4호서식] 소재불명자 발견 통보서(참고인등)

소 속 관 서

제 0000-00000 호 0000.00.00.

수 신 : 검찰청의 장 (검사: 검사명)

제 목 : 소재불명자 발견 통보서(참고인등)

「검사와 사법경찰관의 상호협력과 일반적 수사준칙에 관한 규정」 제55조제1항에 따라 귀청에서 참고인중지한 사건의 참고인등을 다음과 같이 발견하였으므로 통보합니다.

참고인등	성 명				
	주민등록번호				
	직 업				
	주 거				
	전 화	(자택)		(직장)	
대상사건	피 의 자				
	죄 명				
	송치일자				
	송치번호				
	사건번호				
발 견 경 위					
비 고					
첨 부					

소속관서

사법경찰관/리 계급

210㎜ × 297㎜(백상지 80g/㎡)

■ [별지 제5호서식] 소재수사 결과 통보서

소속관서

제 0000-00000 호 0000.00.00.

수 신 : 검찰청의 장 (검사: 검사명)

제 목 : 소재수사 결과 통보서

「검사와 사법경찰관의 상호협력과 일반적 수사준칙에 관한 규정」 제55조제2항에 따라 귀청에서 요청한 소재수사 결과를 다음과 같이 통보합니다.

<table>
<tr><td rowspan="5">소재수사 대상자</td><td>성 명</td><td colspan="2"></td><td>주민등록번호</td><td></td></tr>
<tr><td>신 분</td><td colspan="4"></td></tr>
<tr><td>직 업</td><td colspan="4"></td></tr>
<tr><td>주 거</td><td colspan="4"></td></tr>
<tr><td>전 화</td><td>(본인)</td><td></td><td>(직장)</td><td></td></tr>
<tr><td rowspan="5">대상 사건</td><td>피 의 자</td><td colspan="4"></td></tr>
<tr><td>죄 명</td><td colspan="4"></td></tr>
<tr><td>송치일자</td><td colspan="4"></td></tr>
<tr><td>송치번호</td><td colspan="4"></td></tr>
<tr><td>사건번호</td><td colspan="4"></td></tr>
<tr><td colspan="2">소재수사 결과</td><td colspan="4"></td></tr>
<tr><td colspan="2">비 고</td><td colspan="4"></td></tr>
<tr><td colspan="2">첨 부</td><td colspan="4"></td></tr>
</table>

소속관서

사법경찰관/리 계급

210㎜ × 297㎜(백상지 80g/㎡)

■ [별지 제6호서식] 협의요청서

소속관서

제 0000-00000 호 0000.00.00.

수 신 : 검찰청의 장 (검사: 검사명)

제 목 : 협의요청서

「검사와 사법경찰관의 상호협력과 일반적 수사준칙에 관한 규정」 제8조제1항에 따라 아래 사건에 대하여 협의를 요청합니다.

<table>
<tr><td colspan="2">사건번호</td><td colspan="3"></td></tr>
<tr><td rowspan="3">피의자</td><td>성 명</td><td></td><td>주민등록번호</td><td></td></tr>
<tr><td>직 업</td><td colspan="3"></td></tr>
<tr><td>주 거</td><td colspan="3"></td></tr>
<tr><td colspan="2">죄 명</td><td colspan="3"></td></tr>
<tr><td colspan="5">협의 요청 사항과 그 사유</td></tr>
<tr><td colspan="5"></td></tr>
</table>

소속관서

사법경찰관/리 계급

210㎜ × 297㎜(백상지 80g/㎡)

■ [별지 제7호서식] 협의요청서(관서장)

소속관서

제 0000-00000 호 0000.00.00.

수 신 : 검찰청의 장 (검사: 검사명)

제 목 : 협의요청서(관서장)

「검사와 사법경찰관의 상호협력과 일반적 수사준칙에 관한 규정」 제8조제2항에 따라 아래 사건에 대하여 협의를 요청합니다.

<table>
<tr><td colspan="2">사건번호</td><td colspan="3"></td></tr>
<tr><td rowspan="3">피의자</td><td>성 명</td><td></td><td>주민등록번호</td><td></td></tr>
<tr><td>직 업</td><td colspan="3"></td></tr>
<tr><td>주 거</td><td colspan="3"></td></tr>
<tr><td colspan="2">죄 명</td><td colspan="3"></td></tr>
<tr><td colspan="5">사건 담당자 협의 사항</td></tr>
<tr><td colspan="5"></td></tr>
<tr><td colspan="5">관서장 협의 요청 사항과 그 사유</td></tr>
<tr><td colspan="5"></td></tr>
</table>

소속관서장

계급

210㎜ × 297㎜(백상지 80g/㎡)

■ [별지 제8호서식] 회피신청서

소속관서

제 0000-00000 호 0000.00.00.

수 신 :

참 조 :

제 목 : 회피신청서

다음 사건에 대해 회피를 신청합니다.

1. 신청인

성명 : 계급 :

소속 : 주민등록번호 :

2. 사건 번호

3. 회피 사유

4. 증빙 서류

0000.00.00.

신청인
(서명)

210㎜ × 297㎜(백상지 80g/㎡)

■ [별지 제9호서식] 수사 진행상황 통지서

소 속 관 서

제 0000-00000 호　　　　　　　　　　　　0000.00.00.

수 신 :　　　　　귀하

제 목 : 수사 진행상황 통지서

귀하와 관련된 사건의 수사진행상황을 다음과 같이 알려드립니다.

접 수 일 시		사건번호	
주 요 진 행 상 황			
담 당 팀 장	○○과 ○○팀 경○ ○○○		☏ 02-0000-0000

※ 범죄피해자 권리 보호를 위한 각종 제도

○ 범죄피해자 구조 신청제도(범죄피해자 보호법)
- 관할지방검찰청 범죄피해자지원센터에 신청

○ 의사상자예우 등에 관한 제도(의사상자 등 예우 및 지원에 관한 법률)
- 보건복지부 및 관할 지방자치단체 사회복지과에 신청

○ 범죄행위의 피해에 대한 손해배상명령(소송촉진 등에 관한 특례법)
- 각급법원에 신청, 형사재판과정에서 민사손해배상까지 청구 가능

○ 가정폭력·성폭력 피해자 보호 및 구조
- 여성 긴급전화(국번없이 1366), 아동보호 전문기관(1577-1391) 등

○ 무보험 차량 교통사고 뺑소니 피해자 구조제도(자동차손해배상 보장법)
- 동부화재, 삼성화재 등 자동차 보험회사에 청구

○ 국민건강보험제도를 이용한 피해자 구조제도
- 국민건강보험공단 급여관리실, 지역별 공단지부에 문의

○ 법률구조공단의 법률구조제도(국번없이 132 또는 공단 지부·출장소)
- 범죄피해자에 대한 무료법률구조(손해배상청구, 배상명령신청 소송대리 등)

○ 국민권익위원회의 고충민원 접수제도
- 국민신문고 www.epeople.go.kr, 정부민원안내콜센터 국번없이 110

○ 국가인권위원회의 진정 접수제도
- www.humanrights.go.kr, 국번없이 1331

○ 범죄피해자지원센터(국번없이 1577-1295)
- 피해자나 가족, 유족등에 대한 전화상담 및 면접상담 등

○ 수사 심의신청 제도(경찰민원콜센터 국번없이 182)
- 수사과정 및 결과에 이의가 있는 경우, 관할 지방경찰청 「수사심의계」에 심의신청

※ 고소인·고발인은 형사사법포털(www.kics.go.kr)을 통해 온라인으로 사건진행상황을 조회하실 수 있습니다.

소속관서장

210㎜ × 297㎜(백상지 80g/㎡)

■ [별지 제10호서식] 변호인 참여 심청서

변호인 참여 신청서

<table>
<tr><td>일 시</td><td colspan="4">20 년 월 일 :</td></tr>
<tr><td rowspan="2">대상자</td><td>구분</td><td colspan="3">□ 피의자 □ 피혐의자 □ 피해자 □ 참고인</td></tr>
<tr><td>성명</td><td></td><td>생년월일</td><td></td></tr>
<tr><td rowspan="3">신청인</td><td>성명</td><td></td><td>대상자와의 관 계</td><td></td></tr>
<tr><td>연령</td><td></td><td>전화번호</td><td></td></tr>
<tr><td>주소</td><td colspan="3"></td></tr>
<tr><td>변호인</td><td>성명</td><td></td><td>전화번호</td><td></td></tr>
</table>

※ 변호인선임서를 제출하고 변호사 신분증을 제시해 주시기 바랍니다.

< 안 내 사 항 >

□ 변호인의 참여로 인하여 신문이 방해되거나, 수사기밀이 누설되는 등 정당한 사유가 있는 경우에는 변호사 참여 신청이 제한될 수 있습니다.

□ 변호인의 참여로 증거를 인멸·은닉·조작할 위험이 구체적으로 드러나거나, 신문 방해, 수사기밀 누설 등 수사에 현저한 지장을 초래하는 경우 신문·조사 중이라도 변호인 참여가 제한될 수 있습니다.

□ 신문·조사에 참여한 변호인은 신문·조사 후 조서를 열람할 수 있고 의견을 진술할 수 있습니다. 다만 신문·조사 중이라도 부당한 신문·조사 방법에 대하여 이의를 제기할 수 있고, 경찰관의 승인을 얻어 의견을 진술할 수 있습니다.

□ 피의자신문 시 변호인 참여 관련 내용은 피혐의자, 피해자, 참고인 조사 시에도 준용됩니다.

210㎜ × 297㎜(백상지 80g/㎡)

■ [별지 제11호서식] 범죄인지서

소속관서

제 0000-00000 호 0000.00.00.
수 신 :
참 조 : 접수번호 :
제 목 : 범죄인지서 사건번호 :

다음 사람에 대한 범죄사실을 인지합니다.

1. 피의자 인적사항

성명 직업
주민등록번호 :
주 거 :
등록기준지 :

2. 범죄경력자료

3. 범죄사실의 요지

4. 죄명 및 적용법조

5. 수사단서 및 범죄 인지경위

210㎜ × 297㎜(백상지 80g/㎡)

■ [별지 제12호서식] 불입건 결정 통지서(피혐의자)

소속관서

제 0000-00000 호 0000.00.00.

수 신 : 수신인 귀하

제 목 : 불입건 결정 통지서(피혐의자)

귀하와 관련된 사건에 대하여 다음과 같이 결정하였음을 알려드립니다.

접수일시		접수번호	
죄 명			
결정종류			
주요내용			
담당팀장	☏ 02-0000-0000		

※ 권리 보호를 위한 각종 제도

ㅇ국민권익위원회의 고충민원 접수제도 - 국민신문고 www.epeople.go.kr, 정부민원안내콜센터 국번없이 110 ㅇ국가인권위원회의 진정 접수제도 - www.humanrights.go.kr, 국번없이 1331 ㅇ심의신청 제도(경찰민원콜센터 국번없이 182) - 수사과정 및 결과에 이의가 있는 경우, 관할 지방경찰청 「수사심의계」에 심의신청
소속관서장
210㎜ × 297㎜(백상지 80g/㎡)

■ [별지 제13호서식] 불입건 결정 통지서(진정인등) <개정 2022. 1. 4.>

소 속 관 서

제 0000-00000 호 0000.00.00.

수 신 : 수신인 귀하

제 목 : 불입건 결정 통지서(진정인등)

귀하와 관련된 사건에 대하여 다음과 같이 결정하였음을 알려드립니다.

접 수 일 시	. . .	접 수 번 호	0000-000000
죄 명			
결 정 종 류	1. 입건전조사 종결 (선택) 2. 입건전조사 중지 (선택) 3. 이 송 (선택) : 이송관서명(☏ : 전화번호) 4. 공람 후 종결 (선택)		
주 요 내 용			
담 당 팀 장	☏ 02-0000-0000		

※ 범죄피해자 권리 보호를 위한 각종 제도

○ 범죄피해자 구조 신청제도(범죄피해자 보호법)
- 관할지방검찰청 범죄피해자지원센터에 신청

○ 의사상자예우 등에 관한 제도(의사상자 등 예우 및 지원에 관한 법률)
- 보건복지부 및 관할 자치단체 사회복지과에 신청

○ 범죄행위의 피해에 대한 손해배상명령(소송촉진 등에 관한 특례법)
- 각급법원에 신청, 형사재판과정에서 민사손해배상까지 청구 가능

○ 가정폭력 · 성폭력 피해자 보호 및 구조
- 여성 긴급전화(국번없이 1366), 아동보호 전문기관(1577-1391) 등

○ 무보험 차량 교통사고 뺑소니 피해자 구조제도(자동차손해배상 보장법)
- 동부화재, 삼성화재 등 자동차 보험회사에 청구

○ 국민건강보험제도를 이용한 피해자 구조제도
- 국민건강보험공단 급여관리실, 지역별 공단지부에 문의

○ 법률구조공단의 법률구조제도(국번없이 132 또는 공단 지부 · 출장소)
-범죄피해자에 대한 무료법률구조(손해배상청구, 배상명령신청 소송대리 등)

○ 범죄피해자지원센터(국번없이 1577-1295)
- 피해자나 가족, 유족등에 대한 전화상담 및 면접상담 등

○ 국민권익위원회의 고충민원 접수제도
- 국민신문고 www.epeople.go.kr, 정부민원안내콜센터 국번없이 110

○ 국가인권위원회의 진정 접수제도
- www.humanrights.go.kr, 국번없이 1331

○ 심의신청 제도(경찰민원콜센터 국번없이 182)
- 수사과정 및 결과에 이의가 있는 경우, 관할 지방경찰청 「수사심의계」에 심의신청

소 속 관 서 장

210㎜ × 297㎜(백상지 80g/㎡)

■ [별지 제14호서식] 변사사건 발생 통보서

소속관서

제 0000-00000 호 0000.00.00.

수 신 : 검찰청의 장

제 목 : 변사사건 발생 통보서

우리 서 관내에서 아래와 같은 변사사건이 발생하였기에 「검사와 사법경찰관의 상호협력과 일반적 수사준칙에 관한 규정」 제17조제1항에 따라 통보합니다.

<table>
<tr><td colspan="2">발 견 일 시</td><td></td></tr>
<tr><td colspan="2">발 견 장 소</td><td></td></tr>
<tr><td colspan="2">신 고 일 시</td><td></td></tr>
<tr><td rowspan="2">변사
종별</td><td>원 인</td><td></td></tr>
<tr><td>방 법</td><td></td></tr>
<tr><td colspan="2">변 사 자
인 적 사 항</td><td>성 명 :
주민등록번호 :
직 업 :
주 거 :</td></tr>
<tr><td colspan="2">발 견 자
인 적 사 항</td><td>성 명 :
직 업 :
주 거 :
변사자와관계 :</td></tr>
<tr><td colspan="2">발 견 경 위</td><td></td></tr>
</table>

210㎜ × 297㎜(백상지 80g/㎡)

<table>
<tr><td>피 의 자
(피 내 사 자)</td><td colspan="4">성 명 :
주민등록번호 :
직 업 :
주 거 :</td></tr>
<tr><td>사 인 및
의 사 소 견</td><td colspan="4">직접사인 :
중간선행사인 :
선행사인 :</td></tr>
<tr><td>사망추정시각</td><td colspan="4"></td></tr>
<tr><td>사 체 의 상 황
(위 치, 착 의, 외상
유무등사체의상태를
구체적으로기재)</td><td colspan="4"></td></tr>
<tr><td>증 거 품
(소지품, 흉기등범행공용물,
유 서 , 일 지 등
존 재 사 항) 및
참 고 사 항</td><td colspan="4"></td></tr>
<tr><td rowspan="5">유 족 의 진 술</td><td>진술
일시</td><td></td><td>변사
자와
관계</td><td></td></tr>
<tr><td>주 소</td><td colspan="3"></td></tr>
<tr><td>직 업</td><td></td><td>주민
등록
번호</td><td></td></tr>
<tr><td>성 명</td><td></td><td>연 령</td><td></td></tr>
<tr><td colspan="4"></td></tr>
</table>

210㎜ × 297㎜(백상지 80g/㎡)

관계인진술	진술일시		변사자와 관계	
	주 소			
	직 업		주민등록번호	
	성 명		연 령	

사 건 개 요	
경 찰 조 치 및 의 견	
담당경찰관	

소속관서

사법경찰관 계급

210㎜ × 297㎜(백상지 80g/㎡)

의사소견	
특이사항	
경찰조치 및 의견	
담당경찰관	

소속관서

사법경찰관 계급

210㎜ × 297㎜(백상지 80g/㎡)

■ [별지 제15호서식] 교통사고 변사사건 발생 통보서

소 속 관 서

제 0000-00000 호 0000.00.00.

수 신 : 검찰청의 장

제 목 : 교통사고 변사사건 발생 통보서

우리 서 관내에서 아래와 같은 교통사고 변사사건이 발생하였기에 「검사와 사법경찰관의 상호협력과 일반적 수사준칙에 관한 규정」 제17조제1항에 따라 통보합니다.

사망	일 시	
	장 소	
사고일시		
발생장소		
변 사 자 인적사항		성 명 : 주민등록번호 : 직 업 : 주 거 :

피의자 (피내사자)						
	성 명		주민등록번호		연령	
	직 업		변사자와관계		성별	
	주 거					
	집전화번호		회사전화번호			
	진술일시		휴대전화번호			
	진술내용					

210㎜ × 297㎜(백상지 80g/㎡)

■ [별지 제16호서식] 검시조서

검 시 조 서

사법경찰관 계급 성명은/는 0000.00.00. 사법경찰관/리 계급 000을/를 참여하게 하고 다음의 변사자를 검시하다.

변사자	성 명		성 별		연 령	
	직 업		국 적			
	등록기준지					
	주 거					
변 사 장 소						
검 시 장 소						
사체의모양 및상황						
변 사 년 월 일						
사 인						
발 견 일 시						
발 견 자						
의사의 검안 및 관계자의 진술						
소지품 및 유류품						
사체 및 소지품의 처 리						
참 여 인 의 견						

210㎜ × 297㎜(백상지 80g/㎡)

이 검사는 0000. 00. 00. 00:00에 시작하여 0000. 00. 00. 00:00에 끝나다.

0000.00.00.

소속관서

사법경찰관

계급 성명 ㉑

사법경찰관/리

계급 성명 ㉑

210㎜ × 297㎜(백상지 80g/㎡)

■ [별지 제17호서식] 검증조서

검 증 조 서

사법경찰관 계급 성명은 0000.00.00. 사법경찰관/리 계급 성명을 참여하게 하고 000외 0명에 대한 피의사건에 관하여 다음과 같이 검증하다.

1. 검증의 장소(대상)

2. 검증의 목적

3. 검증의 참여인

4. 검증의 경위 및 결과

이 검증은 0000. 00. 00. 00:00에 시작하여 0000. 00. 00. 00:00에 끝나다.

0000.00.00.

소속관서

사법경찰관 계급 성명 ㊞

사법경찰관/리 계급 성명 ㊞

210㎜ × 297㎜(백상지 80g/㎡)

■ [별지 제18호서식] 변사사건 처리 등에 관한 의견서

소속관서

제 0000-00000 호 0000.00.00.
수 신 : 검찰청의 장
제 목 : 변사사건 처리 등에 관한 의견서

제0000-00000호(0000.00.00. 접수) 변사사건 처리에 관하여 「검사와 사법경찰관의 상호협력과 일반적 수사준칙에 관한 규정」 제17조제4항에 따라 다음과 같이 의견을 제시합니다

변 사 자 인 적 사 항	성 명 : 주민등록번호 : 직 업 : 주 거 :
사 인	직접사인 : 간접사인 :
처 리 결 과 및 의 견	
첨 부 서 류	

소속관서

사법경찰관 계급

210㎜ × 297㎜(백상지 80g/㎡)

■ [별지 제19호서식] 사체 및 소지품 인수서

사체 및 소지품 인수서

□ 인 수 자

성　명		주민등록번호	
직　업		연 락 처	
주　거			
사망자와의 관계			

□ 사　체

성　명				주민등록번호	
성　별		연　령		국　적	
등록기준지					
주　소					

□ 소지품

품　명	수　량	비　고

□ 인수경위

일시·장소			
인 계 자	소속 :	계급 :	성명 :

위와 같이 사체와 소지품을 인수하였음을 확인합니다.

0000.00.00.

인 수 자 :　　　　　㊞

소속관서장 귀하

210㎜ × 297㎜(백상지 80g/㎡)

■ [별지 제20호서식] 고위공직자범죄등 인지통보서

소속관서

제 0000-00000 호　　　　　　　　　　　　　　　　0000.00.00.

수 신 : 수신처

제 목 : 고위공직자범죄등 인지통보서

아래 사람에 대하여 다음과 같이 고위공직자범죄등을 인지하였으므로 「고위공직자범죄수사처 설치 및 운영에 관한 법률」 제24조제2항에 따라 통보합니다.

피의자	성 명		주민등록번호	
	주 거			
	소 속			
	직위(직급)			
죄 명				

인지 경위

범죄 사실

비 고	

소속관서

사법경찰관　계급

210㎜ × 297㎜(백상지 80g/㎡)

■ [별지 제21호서식] 출석요구서-1

출석요구서

제 0000-00000 호

대상자 귀하에 대한 사건명 사건(접수번호:0000-00000)에 관하여 문의할 사항이 있으니 0000.00.00. 00:00에 00과00팀으로 출석하여 주시기 바랍니다.

< 사건의 요지 >

< 구비서류 등 >

1.
2.
3.

출석하실 때에는 이 출석요구서와 위 구비서류, 기타 귀하가 필요하다고 생각하는 자료를 가지고 나오시기 바라며, 이 사건과 관련하여 귀하가 전에 충분히 진술하지 못하였거나 새롭게 주장하고 싶은 사항, 조사가 필요하다고 생각하는 사항이 있으면 이러한 내용을 정리한 진술서를 제출하여 주시기 바랍니다.

지정된 일시에 출석할 수 없는 부득이한 사정이 있거나 이 출석요구서와 관련하여 궁금한 점이 있으면, 소속팀(☎ 연락처)에 연락하여 출석일시를 조정하시거나 궁금한 사항을 문의하시기 바랍니다.

정당한 이유 없이 출석요구에 응하지 않으면 「형사소송법」 제200조의2에 따라 체포될 수 있습니다.

0000.00.00.

소속관서

사법경찰관 계급

사법경찰관/리 계급

210㎜ × 297㎜(백상지 80g/㎡)

■ [별지 제22호서식] 출석요구서-2 <개정 2022. 1. 4.>

출 석 요 구 서

제 0000-00000 호

대상자 귀하에 대한 사건명 피의/입건전조사 사건(접수번호: 0000-00000)의 고소인/고발인/피해자/참고인(으)로 문의할 사항이 있으니 0000.00.00. 00:00에 00과00팀으로 출석하여 주시기 바랍니다.

< 사건의 요지 >

< 구비서류 등 >
1.
2.
3.

출석할 수 없는 부득이한 사정이 있거나 사건내용에 관하여 문의할 사항이 있으면 소속팀(☎ 연락처)로 연락하여 출석일시를 협의하거나 사건내용을 문의하시기 바랍니다.

※ 질병 등으로 경찰관서 직접 출석이 곤란한 경우에는 우편·팩스·전자우편 등 편리한 매체를 이용한 조사를 받을 수 있으며, 출장조사도 요청하실 수 있습니다.

0000. 00. 00.

소속관서

사법경찰관 계급

사법경찰관/리 계급

210㎜ × 297㎜(백상지 80g/㎡)

■ [별지 제23호서식] 임의동행 동의서

임의동행 동의서

동행을 요구한 일시 · 장소	일 시 : 장 소 :
동행할 장소	
동행의 이유 (사건 개요)	
동행대상자	성 명 :
담당경찰관	소 속 : 계 급 : 성 명 :

본인은 위와 같은 내용으로 경찰관으로부터 동행을 요구받았고, 동행을 거부할 수 있는 권리와 언제든지 자유롭게 동행과정에서 이탈 또는 동행장소에서 퇴거할 수 있는 권리가 있음을 안내받았습니다. 이에, 자발적인 의사로 동행한 것임을 확인합니다.

0000.00.00.

위 본인

210㎜ × 297㎜(백상지 80g/㎡)

■ [별지 제24호서식] 조사연장 요청서

조사연장 요청서

요청인	성명	
	주민등록번호	
	주거	
비고		※ 요청에 참고할 사항이 있으면 기재

요청인은 「검사와 사법경찰관의 상호협력과 일반적 수사준칙에 관한 규정」 제22조제1항제1호에 따라 조서의 열람을 위해 요청인 본인의 자유로운 의사에 의하여 조사시간 연장을 요청합니다.

0000.00.00.

요청인 (서명)

210㎜ × 297㎜(백상지 80g/㎡)

■ [별지 제25호서식] 동석신청서-1

동 석 신 청 서
[피 (혐) 의 자]

수 신 : 소속관서 사법경찰관 계급 성명

귀서 접수번호 제0000-00000호 피(혐)의자 000외 0명에 대한 사건명 사건에 관하여 피(혐)의자 000을/를 조사함에 있어 아래와 같이 피(혐)의자와 신뢰관계에 있는 사람의 동석을 신청합니다.

<table>
<tr><td rowspan="6">신뢰
관계인</td><td>성 명</td><td></td></tr>
<tr><td>주민등록번호</td><td></td></tr>
<tr><td>직 업</td><td></td></tr>
<tr><td>주거(사무소)</td><td></td></tr>
<tr><td>전화번호</td><td></td></tr>
<tr><td>피(혐)의자와의
관계</td><td></td></tr>
<tr><td>동석
필요
사유</td><td colspan="2"></td></tr>
</table>

※ 소명자료 별첨

0000.00.00.

신청인 ㊞

210㎜ × 297㎜(백상지 80g/㎡)

■ [별지 제26호서식] 동석신청서-2

동 석 신 청 서
(사건관계인)

수 신 : 소속관서 사법경찰관 계급 성명

귀서 접수번호 제 0000-00000 호 피의자 000외 0명에 대한 사건명 사건에 관하여 사건관계인(고소인/고발인/참고인/피해자) 000을/를 조사함에 있어 아래와 같이 사건관계인과 신뢰관계에 있는 사람의 동석을 신청합니다.

사건 관계인	성 명	
	주민등록번호	
	직 업	
	주 거	
	전화번호	
신뢰 관계인	성 명	
	주민등록번호	
	직 업	
	주거(사무소)	
	전화번호	
	사건관계인과의 관계	
동석 필요 사유		

※ 소명자료 별첨

0000.00.00.

신청인 ㊞

210㎜ × 297㎜(백상지 80g/㎡)

■ [별지 제27호서식] 피의자신문조서-1

피 의 자 신 문 조 서

피 의 자 : 피의자 성명

위의 사람에 대한 죄명 피의사건에 관하여 0000.00.00. 조사장소에서 사법경찰관/리 계급 000은 사법경찰관/리 계급 성명을 참여하게 하고, 아래와 같이 피의자임에 틀림없음을 확인하다.

문 : 피의자의 성명, 주민등록번호, 직업, 주거, 등록기준지 등을 말하십시오.

답 : 성명은

주민등록번호는

직업은

주거는

등록기준지는

직장주소는

연락처는 자택전화 휴대전화

직장전화 전자우편(e-mail)

입니다.

사법경찰관은 피의사건의 요지를 설명하고 사법경찰관의 신문에 대하여 「형사소송법」 제244조의3에 따라 진술을 거부할 수 있는 권리 및 변호인의 참여 등 조력을 받을 권리가 있음을 피의자에게 알려주고 이를 행사할 것인지 그 의사를 확인하다.

210㎜ × 297㎜(백상지 80g/㎡)

진술거부권 및 변호인 조력권 고지 등 확인

1. 귀하는 일체의 진술을 하지 아니하거나 개개의 질문에 대하여 진술을 하지 아니할 수 있습니다.
1. 귀하가 진술을 하지 아니하더라도 불이익을 받지 아니합니다.
1. 귀하가 진술을 거부할 권리를 포기하고 행한 진술은 법정에서 유죄의 증거로 사용될 수 있습니다.
1. 귀하가 신문을 받을 때에는 변호인을 참여하게 하는 등 변호인의 조력을 받을 수 있습니다.

문 : 피의자는 위와 같은 권리들이 있음을 고지받았는가요
답 :
문 : 피의자는 진술거부권을 행사할 것인가요
답 :
문 : 피의자는 변호인의 조력을 받을 권리를 행사할 것인가요
답 :

이에 사법경찰관은 피의사실에 관하여 다음과 같이 피의자를 신문하다.

210㎜ × 297㎜(백상지 80g/㎡)

위의 조서를 진술자에게 열람하게 하였던 바(읽어준 바) 진술한 대로 오기나 증감·변경할 것이 없다고 말하므로 간인한 후 서명(기명날인)하게 하다.

진 술 자 ㊞

0000.00.00.

사법경찰관/리 직위 성명 ㊞

사법경찰관/리 직위 성명 ㊞

210㎜ × 297㎜(백상지 80g/㎡)

■ [별지 제28호서식] 피의자신문조서-2

피의자신문조서 (제0회)

피 의 자 : 피의자성명 위의 사람에 대한 죄명 피의사건에 관하여 0000.00.00. 조사장소에서 사법경찰관/리 계급 성명은 사법경찰관/리 계급 성명을 참여하게 한 후, 피의자에 대하여 다시 아래의 권리들이 있음을 알려주고 이를 행사할 것인지 그 의사를 확인하다.

1. 귀하는 일체의 진술을 하지 아니하거나 개개의 질문에 대하여 진술을 하지 아니할 수 있습니다. 1. 귀하가 진술을 하지 아니하더라도 불이익을 받지 아니합니다. 1. 귀하가 진술을 거부할 권리를 포기하고 행한 진술은 법정에서 유죄의 증거로 사용될 수 있습니다. 1. 귀하가 신문을 받을 때에는 변호인을 참여하게 하는 등 변호인의 조력을 받을 수 있습니다.

문 : 피의자는 위와 같은 권리들이 있음을 고지받았는가요
답 :
문 : 피의자는 진술거부권을 행사할 것인가요
답 :
문 : 피의자는 변호인의 조력을 받을 권리를 행사할 것인가요
답 :
이에 사법경찰관은 피의사실에 관하여 다음과 같이 피의자를 신문하다.

210㎜ × 297㎜(백상지 80g/㎡)

위의 조서를 진술자에게 열람하게 하였던 바(읽어준 바) 진술한 대로 오기나 증감·변경할 것이 없다고 말하므로 간인한 후 서명(기명날인)하게 하다.

진 술 자 ㊞

0000.00.00.

사법경찰관/리 직위 성명 ㊞

사법경찰관/리 직위 성명 ㊞

210㎜ × 297㎜(백상지 80g/㎡)

■ [별지 제29호서식] 진술조서-1

진 술 조 서

성　　명 :
주민등록번호 :
직　　업 :
주　　거 :
등록기준지 :
직 장 주 소 :
연　락　처 : 자택전화　　　　　　휴대전화
직장전화　　　　　　전자우편(e-mail)

위의 사람은 피의자성명에 대한 죄명 피의사건에 관하여 0000.00.00. 소속관서명+ 부서명에 임의 출석하여 다음과 같이 진술하다.

1. 피의자와의 관계
   저는 와 ○○○ 관계에 있습니다.

1. 피의사실과의 관계
   저는 피의사실과 관련하여 ○○○ 자격으로서 출석하였습니다.

이 때 진술의 취지를 더욱 명백히 하기 위하여 다음과 같이 임의로 문답하다.

210㎜ × 297㎜(백상지 80g/㎡)

위의 조서를 진술자에게 열람하게 하였던 바 진술한 대로 오기나 증감·변경할 것이 없다고 말하므로 서명(기명날인)하게 하다

진 술 자

0000.00.00.

사법경찰관/리 계급

210㎜ × 297㎜(백상지 80g/㎡)

■ [별지 제30호서식] 진술조서-2

진술조서 (제0회)

성　　명 : 주민등록번호 : 위의 사람은 에 대한 피의사건에 관하여 에 임의 출석하였는바, 사법경찰관/리 000은 진술인을 상대로 다음과 같이 전회에 이어 계속 문답을 하다.

문 :

답 :

210㎜ × 297㎜(백상지 80g/㎡)

위의 조서를 진술자에게 열람하게 하였던 바(읽어준 바)
진술한 대로 오기나 증감 · 변경할 것이 없다고
말하므로 간인한 후 서명(기명날인)하게 하다

진 술 자 ㉉

0000.00.00.

사법경찰관/리 직위 성명 ㉉

210㎜ × 297㎜(백상지 80g/㎡)

■ [별지 제31호서식] 수사 과정 확인서

수사 과정 확인서

구　　분	내　　　용
1. 조사 장소 도착시각	
2. 조사 시작시각 및 종료시각	□ 시작시각 : □ 종료시각 :
3. 조서열람 시작시각 및 종료시각	□ 시작시각 : □ 종료시각 :
4. 기타 조사과정 진행경과 확인에 필요한 사항	
5. 조사과정 기재사항에 대한 이의제기나 의견진술 여부 및 그 내용	

0000.00.00.

사법경찰관/리 직위 성명는 조사대상자성명를 조사한 후, 위와 같은 사항에 대해 조사대상자 000로부터 확인받음

확 인 자 : 조사대상자 000 ㊞

사법경찰관/리 : 직위 성명 ㊞

210㎜ × 297㎜(백상지 80g/㎡)

■ [별지 제32호서식] 수사 과정 확인서(조서미작성)

수사 과정 확인서(조서미작성)

대상자	성　　명		사건관련 신분	
	주민등록번호		전 화 번 호	
	주　　소			

구　　분	내　　용
1. 조사 장소 도착시각	
2. 조사 장소를 떠난 시각	
3. 조서 미작성 이유	
4. 조사 외 실시한 활동	
5. 참여 변호인	
6. 조사과정 기재사항에 대한 이의제기나 의견진술 여부 및 그 내용	
0000.00.00. 사법경찰관/리 직위 성명는 조사대상자000를 조사한 후, 위와 같은 사항에 대해 조사대상자000로부터 확인받음 확 인 자 : 조사대상자000 ㊞ 사법경찰관.리 : 직위 성명 ㊞	

210㎜ × 297㎜(백상지 80g/㎡)

■ [별지 제33호서식] 실황조사서

실 황 조 사 서

사법경찰관/리 계급 성명은 0000.00.00. 000외 0명에 대한 죄명 사건에 관하여 다음과 같이 실황을 조사하다.

실 황 조 사 일 시 · 장 소	
실 황 조 사 목 적	
참 여 인	
실 황 조 사 경 위 및 결 과	

이 실황조사는 0000. 00. 00. 00:00에 시작하여 0000. 00. 00. 00:00에 끝나다.

0000.00.00.

소속관서

사법경찰관/리 계급 성명 ㊞

사법경찰관/리 계급 성명 ㊞

210㎜ × 297㎜(백상지 80g/㎡)

■ [별지 제34호서식] 감정위촉서

소속관서

제 0000-00000 호　　　　　　　　　　　　　　　　　0000.00.00.

수 신 : 수신

제 목 : 감정위촉서

피의자 000외 0명에 대한 죄명 피의사건에 관하여 다음 사항의 감정을 위촉합니다.

사 건 번 호	
감 정 대 상 (종류·품명)	
위 촉 사 항	
비 고	※ 감정처분허가장이 첨부된 경우, 감정처분허가장은 감정서와 함께 반환하시기 바랍니다.

소속관서

사법경찰관 계급

210㎜ × 297㎜(백상지 80g/㎡)

■ [별지 제35호서식] 영상녹화 동의서

영상녹화 동의서

진술자	성 명		주민등록번호	
	주 거			

상기인은 죄명 피의사건에 관하여 피의자·참고인·피해자로서 진술하면서 진술내용이 영상녹화됨을 고지받고 강제적인 압력이나 권유를 받음이 없이 영상녹화하는 것에 동의합니다.

0000.00.00.

성 명 : ㉑

소속관서장 귀하

210㎜ × 297㎜(백상지 80g/㎡)

■ [별지 제36호서식] 권리 고지 확인서

권리 고지 확인서

성　　명 :
주민등록번호 :　　　　　　　　(연령 세)
주　　거 :

본인은 0000.00.00. 00:00경 체포장소에서 체포·긴급체포·현행범인체포·구속되면서 피의사실의 요지, 체포·구속의 이유와 함께 변호인을 선임할 수 있고, 진술을 거부하거나, 변명을 할 수 있으며, 체포·구속적부심을 청구할 수 있음을 고지받았음을 확인합니다.

0000.00.00.

위 확인인

위 피의자를 체포·긴급체포·현행범인체포·구속하면서 위와 같이 고지하고 변명의 기회를 주었음(변명의 기회를 주었으나 정당한 이유 없이 기명날인 또는 서명을 거부함).

※ 기명날인 또는 서명 거부 사유:

0000. 00. 00.

소속관서

사법경찰관/리 계급

210㎜ × 297㎜(백상지 80g/㎡)

■ [별지 제37호서식] 체포영장 신청서

소 속 관 서

제 0000-00000 호 0000.00.00.

수 신 : 검찰청의 장

제 목 : 체포영장 신청서

다음 사람에 대한 죄명 피의사건에 관하여, 같은 사람을 인치장소에 인치하고 구금장소에 구금하려 하니 0000.00.00.까지 유효한 체포영장의 청구를 신청합니다.

피의자	성 명	
	주민등록번호	
	직 업	
	주 거	
변 호 인		
범죄사실 및 체포를 필요로 하는 이유		
7일을 넘는 유효기간을 필요로 하는 취지와 사 유		
둘 이상의 영장을 신청하 는 취 지 와 사 유		
재신청의 취지 및 이유		
현재 수사 중인 다른 범죄사실에 관하여 발부된 유효한 체포영장 존재시 그 취지 및 범죄사실		
비 고		

소속관서

사법경찰관 계급

210㎜ × 297㎜(백상지 80g/㎡)

■ [별지 제38호서식] 긴급체포서

긴 급 체 포 서

제 0000-00000 호

피체포자	성명	
	주민등록번호	
	직업	
	주거	
변호인		

「형사소송법」 제200조의3제1항에 따라 ○○○○ 피의사건과 관련된 위 피체포자를 아래와 같이 긴급체포함

0000.00.00.

소속관서

사법경찰관 계급

체포한 일시	
체포한 장소	
범죄사실 및 체포의 사유	
체포자의 관직 및 성명	
인치한 일시	
인치한 장소	
구금한 일시	
구금한 장소	
구금을 집행한 자의 관직 및 성명	

210㎜ × 297㎜(백상지 80g/㎡)

■ [별지 제39호서식] 긴급체포 승인요청서

소 속 관 서

제 0000-00000 호 0000.00.00.

수 신 : 검찰청의 장 (검사: 검사명)

제 목 : 긴급체포 승인요청서

다음 사람에 대한 00 피의사건에 관하여, 같은 사람을 아래와 같이 긴급체포하였기에 「검사와 사법경찰관의 상호협력과 일반적 수사준칙에 관한 규정」 제27조제2항에 따라 승인을 요청합니다.

인적사항	성 명		주민등록 번 호	
	직 업			
	주 거			
긴급체포한 일시				
긴급체포한 장소				
긴급체포한 자의 관직 및 성명				
인치한 일시				
인치한 장소				
구금한 일시				
구금한 장소				
범 죄 사 실				
소 명 자 료				
긴급체포한 사유				
체포를 계속하여야 할 사 유				

소속관서

사법경찰관 계급

210㎜ × 297㎜(백상지 80g/㎡)

■ [별지 제40호서식] 석방 통보서(긴급체포불승인)

소속관서

제 0000-00000 호 0000.00.00.

수 신 : 검찰청의 장 (검사: 검사명)

제 목 : 석방 통보서(긴급체포불승인)

다음 피체포자를 긴급체포 불승인을 이유로 아래와 같이 석방하였기에 「검사와 사법경찰관의 상호협력과 일반적 수사준칙에 관한 규정」 제27조제4항에 따라 통보합니다.

피체포자	성 명	
	주민등록번호	
	직 업	
	주 거	
죄 명		
긴급체포한 일시		
긴급체포한 장소		
긴급체포한 사유		
석방한 일시		
석방한 장소		
불승인사유		
석방한 자의 관직 및 성명		

소속관서

사법경찰관 계급

210㎜ × 297㎜(백상지 80g/㎡)

■ [별지 제41호서식] 현행범인체포서

현 행 범 인 체 포 서

제 0000-00000 호

피체포자	성 명	
	주민등록번호	
	직 업	
	주 거	
변 호 인		

「형사소송법」 제212조에 따라, ○○○○ 피의사건과 관련된 위 피체포자를 아래와 같이 현행범인으로 체포함

0000.00.00.

소속관서

사법경찰관/리 계급

체 포 한 일 시	
체 포 한 장 소	
범죄사실 및 체포의 사유	
체포자의 관직 및 성 명	
인치한 일시	
인치한 장소	
구금한 일시	
구금한 장소	

210㎜ × 297㎜(백상지 80g/㎡)

■ [별지 제42호서식] 현행범인인수서

현행범인인수서

제 0000-00000 호

피체포자	성 명	
	주민등록번호	
	직 업	
	주 거	
변 호 인		

「형사소송법」 제213조에 따라, ○○○○ 피의사건과 관련된 위 피체포자를 아래와 같이 현행범인으로 인수함

0000.00.00.

소속관서

사법경찰관/리 계급

체포한일시		
체포한장소		
체포자	성 명	
	주민등록번호	
	주 거	
범죄사실 및 체포의 사유		
인수한 일시		
인수한 장소		
인치한 일시		
인치한 장소		
구금한 일시		
구금한 장소		

210㎜ × 297㎜(백상지 80g/㎡)

■ [별지 제43호서식] 피의자석방서(현행범인)

피의자 석방서(현행범인)

제 0000-00000 호 0000.00.00.

다음 피체포자(현행범인)를 아래와 같이 석방합니다.

피체포자	성 명	
	주민등록번호	
	직 업	
	주 거	
죄 명		
체포한 일시		
체포한 장소		
체포의 사유		
석방일시		
석방장소		
석방사유		
석방자의 관직 및 성명		
비 고		

소속관서

사법경찰관 계급

210㎜ × 297㎜(백상지 80g/㎡)

■ [별지 제44호서식] 석방 통보서(현행범인)

소속관서

제 0000-00000 호 0000.00.00.

수 신 : 검찰청의 장 (검사: 검사명)

제 목 : 석방 통보서(현행범인)

다음 피체포자(현행범인)를 아래와 같이 석방하였기에 「검사와 사법경찰관의 상호협력과 일반적 수사준칙에 관한 규정」 제28조제2항 후단에 따라 통보합니다.

피체포자	성 명	
	주민등록번호	
	직 업	
	주 거	
죄 명		
체 포 한 일 시		
체 포 한 장 소		
체 포 의 사 유		
석 방 일 시		
석 방 장 소		
석 방 사 유		
석방자의 관직 및 성명		
비 고		

소속관서

사법경찰관 계급

210㎜ × 297㎜(백상지 80g/㎡)

■ [별지 제45호서식] 구속영장 신청서(미체포)

소속관서

제 0000-00000 호 0000.00.00.
수 신 : 검찰청의 장
제 목 : 구속영장 신청서(미체포)

다음 사람에 대한 죄명 피의사건에 관하여 같은 사람을 구속장소명에 구속하려 하니 0000.00.00.까지 유효한 구속영장의 청구를 신청합니다.

피의자	성 명	
	주민등록번호	
	직 업	
	주 거	
변 호 인		
범죄사실 및 구속을 필요로 하는 이유		
필요적 고려사항		[ ] 범죄의 중대성 [ ] 재범의 위험성 [ ] 피해자·중요참고인 등에 대한 위해 우려 [ ] 기타 사유
7일을 넘는 유효기간을 필요로 하는 취지와 사유		
둘 이상의 영장을 신청하는 취지와 사유		
재신청의 취지 및 이유		
비 고		

소속관서

사법경찰관 계급

210㎜ × 297㎜(백상지 80g/㎡)

■ [별지 제46호서식] 구속영장 신청서(체포영장)

소속관서

제 0000-00000 호 0000.00.00.

수 신 : 검찰청의 장

제 목 : 구속영장 신청서(체포영장)

다음 사람에 대한 죄명 피의사건에 관하여 같은 사람을 아래와 같이 체포영장에 따라 체포하여 구속장소명에 구속하려 하니 0000.00.00.까지 유효한 구속영장의 청구를 신청합니다.

피의자	성 명	
	주민등록번호	
	직 업	
	주 거	
변 호 인		
체포한 일시· 장소		
인치한 일시· 장소		
구금한 일시· 장소		
범죄사실 및 구속을 필요로 하는 이유		
필요적 고려사항		[ ] 범죄의 중대성 [ ] 재범의 위험성 [ ] 피해자·중요참고인 등에 대한 위해 우려 [ ] 기타 사유
피의자의 지정에 따라 체포이유등이 통지된 자의 성명 및 연락처		
재신청의 취지 및 이유		
비 고		

소속관서

사법경찰관 계급

210㎜ × 297㎜(백상지 80g/㎡)

■ [별지 제47호서식] 구속영장 신청서(현행범인)

소 속 관 서

제 0000-00000 호　　　　　　　　　　　　　　　　　　0000.00.00.
수 신 : 검찰청의 장
제 목 : 구속영장 신청서(현행범인)

다음 사람에 대한 죄명 피의사건에 관하여 같은 사람을 아래와 같이 현행범인으로 체포하여 구속장소명에 구속하려 하니 0000.00.00.까지 유효한 구속영장의 청구를 신청합니다.

피의자	성 명	
	주민등록번호	
	직 업	
	주 거	
변 호 인		
체포한 일시· 장소		
인치한 일시· 장소		
구금한 일시· 장소		
범죄사실 및 구속을 필요로 하는 이유		
필요적 고려사항		[ ] 범죄의 중대성　[ ] 재범의 위험성 [ ] 피해자·중요참고인 등에 대한 위해 우려 [ ] 기타 사유
피의자의 지정에 따라 체포이유등이 통지된 자의 성명 및 연락처		
재신청의 취지 및 이유		
비 고		

소속관서

사법경찰관 계급

210㎜ × 297㎜(백상지 80g/㎡)

■ [별지 제48호서식] 구속영장 신청서(긴급체포)

소속관서

제 0000-00000 호 0000.00.00.

수 신 : 검찰청의 장

제 목 : 구속영장 신청서(긴급체포)

다음 사람에 대한 죄명 피의사건에 관하여 같은 사람을 아래와 같이 긴급체포하여 구속장소명에 구속하려 하니 0000.00.00.까지 유효한 구속영장의 청구를 신청합니다.

<table>
<tr><td rowspan="4">피의자</td><td>성 명</td><td></td></tr>
<tr><td>주민등록번호</td><td></td></tr>
<tr><td>직 업</td><td></td></tr>
<tr><td>주 거</td><td></td></tr>
<tr><td colspan="2">변 호 인</td><td></td></tr>
<tr><td colspan="2">체포한 일시· 장소</td><td></td></tr>
<tr><td colspan="2">인치한 일시· 장소</td><td></td></tr>
<tr><td colspan="2">구금한 일시· 장소</td><td></td></tr>
<tr><td colspan="2">범죄사실 및 구속을 필요로 하는 이유</td><td></td></tr>
<tr><td colspan="2">필요적 고려사항</td><td>[ ] 범죄의 중대성 [ ] 재범의 위험성
[ ] 피해자·중요참고인 등에 대한 위해 우려
[ ] 기타 사유</td></tr>
<tr><td colspan="2">피의자의 지정에 따라 체포이유등이 통지된 자의 성명 및 연락처</td><td></td></tr>
<tr><td colspan="2">재신청의 취지 및 이 유</td><td></td></tr>
<tr><td colspan="2">비 고</td><td></td></tr>
</table>

소속관서

사법경찰관 계급

210㎜ × 297㎜(백상지 80g/㎡)

■ [별지 제49호서식] 체포·긴급체포·현행범인체포·구속 통지서

소속관서

제 0000-00000 호　　　　　　　　　　　　0000.00.00.
수 신 : 000 귀하
제 목 : 체포·긴급체포·현행범인체포·구속 통지서

---

1. 피 의 자
   성　　명 :
   주민등록번호 :
   주　　거 :

2. 위 사람을 0000.00.00. 죄명 피의사건으로 체포·긴급체포·현행범인체포·구속하여 인치구금장소에 인치구금하였으므로 통지합니다.

3. 체포·긴급체포·현행범인체포·구속된 피의자의 법정대리인·배우자·직계친족·형제자매는 각각 변호인을 선임할 수 있습니다.

4. 체포·구속된 위 피의자 본인 또는 그 변호인·법정대리인·배우자·직계친족·형제자매나 가족, 동거인 또는 고용주는 00지방법원(00지원)에 체포·구속의 적부심사를 청구할 수 있습니다.

첨부 : 범죄사실의 요지 및 체포·긴급체포·현행범인체포·구속의 이유 1부

담당자		소속 및 연락처	

소속관서

사법경찰관　계급

210㎜ × 297㎜(백상지 80g/㎡)

■ [별지 제50호서식] 영장반환서

소 속 관 서

제 0000-00000 호 0000.00.00.
수 신 : 검찰청의 장 (검사: 검사명)
제 목 : 영장반환서

「검사와 사법경찰관의 상호협력과 일반적 수사준칙에 관한 규정」 제35조제2항에 따라 별지 영장을 다음과 같은 이유로 반환합니다.

영 장 종 별		
영장발부일		
영 장 번 호		
대상자	성 명	
	주민등록 번 호	
	주 거	
죄 명		
영 장 반 환 사 유		

첨 부 : 영 장

소속관서

사법경찰관 계급

210㎜ × 297㎜(백상지 80g/㎡)

■ [별지 제51호서식] 피의자 접견 등 금지 결정서

소 속 관 서

제 0000-00000 호 0000.00.00.

제 목 : 피의자 접견 등 금지 결정서

「형사소송법」 제200조의6 및 제209조에서 준용하는 같은 법 제91조 또는 「형의 집행 및 수용자의 처우에 관한 법률」 제87조에서 준용하는 같은 법 제41조에 따라 다음 사건의 피의자에 대하여 아래와 같이 접견 등 금지를 결정합니다.

[대상사건]

사건번호 :

죄 명 :

[피의자 인적사항]

성 명 : 주민등록번호 :

주 거 :

직 업 :

체포·구속 일자 :

접견 등 금지기간 : 0000. 00. 00. ~ 0000. 00. 00. (일)

[접견 등 금지 결정 내용]

[결정 사유]

210㎜ × 297㎜(백상지 80g/㎡)

■ [별지 제52호서식] 피의자 접견 등 금지 취소 결정서

소속관서

제 0000-00000 호 0000.00.00.

제 목 : 피의자 접견 등 금지 취소 결정서

「형사소송법」 제200조의6 및 제209조에서 준용하는 같은 법 제91조 또는 형의 집행 및 수용자의 처우에 관한 법률 제87조에서 준용하는 같은 법 제41조에 따라 결정한 다음 사건의 피의자에 대한 접견 등 금지 조치를 취소합니다.

[대상사건]

사건번호 :

죄　　명 :

[피의자 인적사항]

성　　명 :　　　　　　　　주민등록번호 :

주　　거 :

직　　업 :

체포·구속 일자 :

접견등금지기간 : 0000. 00. 00. ~ 0000. 00. 00. (　일)

[취소 대상 '접견 등 금지 조치' 내용]

[취 소 사 유]

210㎜ × 297㎜(백상지 80g/㎡)

■ [별지 제53호서식] 피의자 석방서(체포영장)

피의자 석방서(체포영장)

제 0000-00000 호 0000.00.00.

다음 피체포자(체포영장)를 아래와 같이 석방합니다.

피체포자	성 명	
	주민등록번호	
	직 업	
	주 거	
죄 명		
체 포 한 일 시		
체 포 한 장 소		
체 포 의 사 유		
석 방 일 시		
석 방 장 소		
석 방 사 유		
석방자의 관직 및 성명		
체포 영장 번호		-

소속관서

사법경찰관 계급

210㎜ × 297㎜(백상지 80g/㎡)

■ [별지 제54호서식] 피의자 석방서(긴급체포)

피의자 석방서(긴급체포)

제 0000-00000 호 0000.00.00.

다음 피체포자(긴급체포)를 아래와 같이 석방합니다.

피체포자	성명	
	주민등록번호	
	직업	
	주거	
죄명		
긴급체포한일시		
긴급체포한장소		
긴급체포의 사유		
석방일시		
석방장소		
석방사유		
석방자의 관직 및 성명		
비고		

소속관서

사법경찰관 계급

210㎜ × 297㎜(백상지 80g/㎡)

■ [별지 제55호서식] 석방 통보서(체포영장)

소속관서

제 0000-00000 호 　　　　　　　　　　　　　　　　0000.00.00.

수 신 : 검찰청의 장 (검사: 검사명)

제 목 : 석방 통보서(체포영장)

다음 피의자(체포영장)를 아래와 같이 석방하였기에 「검사와 사법경찰관의 상호협력과 일반적 수사준칙에 관한 규정」 제36조제2항제1호에 따라 통보합니다.

피체포자	성 명	
	주민등록번호	
	직 업	
	주 거	
죄 명		
체 포 한 일 시		
체 포 한 장 소		
체 포 의 사 유		
석 방 일 시		
석 방 장 소		
석 방 사 유		
석방자의 관직 및 성명		
체포영장번호		-

소속관서

사법경찰관 계급

210㎜ × 297㎜(백상지 80g/㎡)

■ [별지 제56호서식] 석방 보고서(긴급체포)

소속관서

제 0000-00000 호 0000.00.00.
수 신 : 검찰청의 장 (검사: 검사명)
제 목 : 석방 보고서(긴급체포)

다음 피체포자를 아래와 같이 석방하였기에 「검사와 사법경찰관의 상호협력과 일반적 수사준칙에 관한 규정」 제36조제2항제2호에 따라 보고합니다.

피체포자	성 명	
	주민등록번호	
	직 업	
	주 거	
죄 명		
긴급체포한일시		
긴급체포한장소		
긴급체포의 사유		
석 방 일 시		
석 방 장 소		
석 방 사 유		
석방자의 관직 및 성명		

소속관서

사법경찰관 계급

210㎜ × 297㎜(백상지 80g/㎡)

■ [별지 제57호서식] 구속취소 결정서

구속취소 결정서

제 0000-00000 호　　　　　　　　　　　　　　　　0000.00.00.

다음 피의자에 대한 구속을 아래와 같이 취소합니다.

사 건 번 호		
피의자	성 명	
	주민등록번호	
	직 업	
	주 거	
죄 명		
구 속 일 시		
구 속 장 소		
구 속 의 사 유		
구 속 취 소 사 유		
석 방 일 시		
석 방 장 소		
석방자의 관직 및 성명		
영 장 번 호		-

소속관서

사법경찰관 계급

210㎜ × 297㎜(백상지 80g/㎡)

■ [별지 제58호서식] 구속취소 동의 요청서

소속관서

제 0000-00000 호 0000.00.00.

수 신 : 검찰청의 장 (검사: 검사명)

제 목 : 구속취소 동의 요청서

다음 피의자에 대한 구속을 아래와 같이 취소하려 하니 구속취소 동의를 요청합니다.

<table>
<tr><td colspan="2">사 건 번 호</td><td></td><td>영 장 번 호</td><td>-</td></tr>
<tr><td rowspan="3">피
의
자</td><td>성 명</td><td></td><td>주민등록번호</td><td></td></tr>
<tr><td>직 업</td><td colspan="3"></td></tr>
<tr><td>주 거</td><td colspan="3"></td></tr>
<tr><td colspan="2">죄 명</td><td colspan="3"></td></tr>
<tr><td colspan="2">구 속 일 시</td><td colspan="3"></td></tr>
<tr><td colspan="2">구 속 장 소</td><td colspan="3"></td></tr>
<tr><td colspan="2">구 속 의 사 유</td><td colspan="3"></td></tr>
<tr><td colspan="2">구 속 취 소 사 유</td><td colspan="3"></td></tr>
<tr><td colspan="2">비 고</td><td colspan="3"></td></tr>
</table>

소속관서

사법경찰관 계급

210㎜ × 297㎜(백상지 80g/㎡)

■ [별지 제59호서식] 석방 통보서(구속취소)

소속관서

제 0000-00000 호 0000.00.00.

수 신 : 검찰청의 장 (검사: 검사명)

제 목 : 석방 통보서(구속취소)

다음 피의자를 아래와 같이 석방하였기에 통보합니다.

사 건 번 호		
피의자	성 명	
	주민등록번호	
	직 업	
	주 거	
죄 명		
구 속 일 시		
구 속 장 소		
구 속 의 사 유		
석 방 일 시		
석 방 장 소		
구속 취소 사유		
석방자의 관직 및 성명		
영 장 번 호		

소속관서

사법경찰관 계급

210㎜ × 297㎜(백상지 80g/㎡)

■ [별지 제60호서식] 구속집행정지 결정서

구 속 집 행 정 지 결 정 서

제 0000-00000 호 　　　　　　　　　　　　　　　　　　　　0000.00.00.

다음 피의자에 대한 구속집행을 아래와 같이 정지합니다.

사 건 번 호		
피의자	성 명	
	주민등록번호	
	직 업	
	주 거	
죄 명		
구 속 일 시		
구 속 장 소		
구 속 사 유		
집 행 정 지 사 유		
석 방 일 시		
석 방 장 소		
제 한 주 거 등		
석방자의 관직 및 성명		
영 장 번 호		

소속관서

사법경찰관 계급

210㎜ × 297㎜(백상지 80g/㎡)

■ [별지 제61호서식] 구속집행정지 통보서

소속관서

제 0000-00000 호　　　　　　　　　0000.00.00.

수 신 : 검찰청의 장 (검사: 검사명)

제 목 : 구속집행정지 통보서

아래와 같이 다음 피의자에 대한 구속의 집행을 정지하였기에 통보합니다.

사건번호		
피의자	성명	
	주민등록번호	
	직업	
	주거	
죄명		
구속일시		
구속장소		
구속사유		
집행정지 사유		
석방일시		
석방장소		
석방자의 관직 및 성명		
영장번호		

소속관서

사법경찰관 계급

210㎜ × 297㎜(백상지 80g/㎡)

■ [별지 제62호서식] 구속집행정지 취소 결정서

구속집행정지 취소 결정서

제 0000-00000 호

다음 피의자에 대한 구속집행정지를 아래와 같이 취소합니다.

사건번호		
피의자	성명	
	주민등록번호	
	직업	
	주거	
죄명		
구속일시		
구속장소		
집행정지결정일		
취소사유		
영장번호		

소속관서

사법경찰관 계급

210㎜ × 297㎜(백상지 80g/㎡)

■ [별지 제63호서식] 압수·수색·검증영장 신청서(사전)

소속관서

제 0000-00000 호 0000.00.00.
수 신 : 검찰청의 장
제 목 : 압수·수색·검증영장 신청서(사전)

다음 사람에 대한 죄명 피(혐)의사건에 관하여 아래와 같이 압수·수색·검증하려 하니 0000.00.00.까지 유효한 압수·수색·검증영장의 청구를 신청합니다.

피(혐)의자	성 명	
	주 민 등 록 번 호	
	직 업	
	주 거	
변 호 인		
압 수 할 물 건		
수색·검증할 장소, 신체 또는 물건		
범죄사실 및 압수 수색 ·검증을 필요로 하는 사유		
7일을 넘는 유효기간 을필요로 하는 취지와 사유		
둘 이상의 영장을 신청하는 취지와 사유		
일출 전또는 일몰 후 집행을 필요로 하는 취지와 사유		
신체검사를 받을 자 의 성 별 · 건 강 상 태		
비 고		

소속관서

사법경찰관 계급

210㎜ × 297㎜(백상지 80g/㎡)

■ [별지 제64호서식] 압수·수색·검증영장 신청서(금융계좌추적용)

소속관서

제 0000-00000 호　　　　　　　　　　　　　　　　0000.00.00.

수 신 : 검찰청의 장

제 목 : 압수·수색·검증영장 신청서(금융계좌추적용)

다음 사람에 대한 죄명 피(혐)의사건에 관하여 아래와 같이 압수 · 수색 · 검증하려 하니 0000.00.00.까지 유효한 압수 · 수색 · 검증영장의 청구를 신청합니다.

피(혐)의자	성명	
	주민등록번호	
	직업	
	주거	
변호인		
대상계좌	계좌명의인	[ ] 피(혐)의자 본인　[ ] 제3자(인적사항은 별지와 같음)
	개설은행 · 계좌번호	
	거래기간	
	거래정보 등의 내용	
압수할 물건		
수색 · 검증할 장소 또는 물건		
범죄사실 및 압수 · 수색 · 검증을 필요로 하는 사유		
7일을 넘는 유효기간을 필요로 하는 취지와 사유		
둘 이상의 영장을 신청하는 취지와 사유		
일출 전 또는 일몰 후 집행을 필요로 하는 취지와 사유		
비고		

소속관서

사법경찰관

210㎜ × 297㎜(백상지 80g/㎡)

■ [별지 제65호서식] 압수·수색·검증영장 신청서(사후)

소속관서

제 0000-00000 호 0000.00.00.
수 신 : 검찰청의 장
제 목 : 압수·수색·검증영장 신청서(사후)

다음 사람에 대한 죄명 피(혐)의사건에 관하여 아래와 같이 긴급압수·수색·검증하여 압수·수색·검증영장의 청구를 신청합니다.

피(혐)의자	성 명	
	주민등록번호	
	직 업	
	주 거	
변 호 인		
긴급압수·수색·검증한 자의 관직·성명		
긴급압수·수색·검증한 일시		
긴급수색·검증한 장소·신체 또는 물건		
긴급압수한 물건		
범죄사실 및 긴급압수·수색·검증한 사유		
체포한 일시 및 장소 (「형사소송법」 제217조 제2항에 따른 경우)		
일출 전 또는 일몰 후 집행을 한 사유		
신체검사를 한 자의 성별·건강상태		
비 고		

소속관서

사법경찰관 계급

210㎜ × 297㎜(백상지 80g/㎡)

■ [별지 제66호서식] 압수조서

압 수 조 서

000외 0명에 대한 죄명 피(혐)의사건에 관하여 0000. 00. 00. 00:00 ○○○○○에서 사법경찰관 계급 000은 사법경찰관/리 계급 000을 참여하게 하고, 별지 목록의 물건을 다음과 같이 압수하다.

압 수 경 위

참여인	성 명	주민등록번호	주 소	서명 또는 날인

0000.00.00.

소속관서

사법경찰관 계급 작성자 ㊞

사법경찰관/리 계급 작성자 ㊞

210㎜ × 297㎜(백상지 80g/㎡)

■ [별지 제67호서식] 압수목록

압 수 목 록

번호	품 종	수량	소지자 또는 제출자		소 유 자		경찰의견	비고
			성 명		성 명			
			주 소		주 소			
			주민등록번호		주민등록번호			
			전화번호		전화번호			
			성 명		성 명			
			주 소		주 소			
			주민등록번호		주민등록번호			
			전화번호		전화번호			
			성 명		성 명			
			주 소		주 소			
			주민등록번호		주민등록번호			
			전화번호		전화번호			
			성 명		성 명			
			주 소		주 소			
			주민등록번호		주민등록번호			
			전화번호		전화번호			
			성 명		성 명			
			주 소		주 소			
			주민등록번호		주민등록번호			
			전화번호		전화번호			
			성 명		성 명			
			주 소		주 소			
			주민등록번호		주민등록번호			
			전화번호		전화번호			

210㎜ × 297㎜(백상지 80g/㎡)

■ [별지 제68호서식] 압수목록 교부서

소속관서

제 0000-00000 호 0000.00.00.

수 신 : 수신자

제 목 : 압수목록 교부서

○○○에 대한 ○○○○ 피(혐)의사건에 관하여 ○○○로부터 다음 물건을 압수하였으므로 이에 압수목록을 교부합니다.

연번	품 종	수 량	비 고

소속관서

사법경찰관 계급

210㎜ × 297㎜(백상지 80g/㎡)

■ [별지 제69호서식] 전자정보 삭제·폐기·반환 확인서

소속관서

제 0000-00000 호 0000.00.00.

수 신 : 귀하

제 목 : 전자정보 삭제·폐기·반환 확인서

피압수자 ○○○에 대한 ○○○○ 피(혐)의사건에 관하여 압수목록에 포함되지 않은 전자정보를 삭제, 폐기, 반환하였으므로 확인서를 교부합니다.

소속관서

사법경찰관 계급

210㎜ × 297㎜(백상지 80g/㎡)

■ [별지 제70호서식] 수색조서

수색조서

000에 대한 죄명 피(혐)의사건에 관하여 0000.00.00. 사법경찰관 계급 000은 사법경찰관/리 계급 000를 참여하게 하고 다음과 같이 수색하다.

수 색 장 소	
참 여 인	
수색한 신체 개소· 물건	
수 색 결 과	
수 색 시 간	착수 : 0000. 00. 00. 00:00
	종료 : 0000. 00. 00. 00:00

0000.00.00.

소속관서

사법경찰관 계급 작성자 ㉞

사법경찰관/리 계급 작성자 ㉞

210㎜ × 297㎜(백상지 80g/㎡)

■ [별지 제71호서식] 수색증명서

수색증명서

제 0000-00000 호 0000.00.00.

수 신 : 수신

000외 0명에 대한 죄명 피의사건에 관하여 0000. 00. 00. OOOOO에서 OOOOO을 수색한 결과, 증거물 등이 없었음을 증명합니다.

소속관서

사법경찰관 계급

210㎜ × 297㎜(백상지 80g/㎡)

■ [별지 제72호서식] 압수물 처분 지휘요청서(환부·가환부)

소속관서

제 0000-00000 호 0000.00.00.

수 신 : 검찰청의 장 (검사: 검사명)

제 목 : 압수물 처분 지휘요청서(환부·가환부)

000 에 대한 죄명 피의사건의 압수물인 다음 물건에 대하여, 환부/가환부 지휘를 요청합니다.

연번	품 종	수량	피압수자	환부·가환부 받을 사람	비 고

소속관서

사법경찰관 계급

210㎜ × 297㎜(백상지 80g/㎡)

■ [별지 제73호서식] 압수물 환부·가환부 청구서

압수물 환부·가환부 청구서

[청 구 인]

성 명		주민등록번호	
직 업		연락처	
주 거			

귀 관서에서 증거품으로 압수 중인 다음 압수물건을 청구인에게 환부、가환부하여 주시기 바랍니다.

. . .

청 구 인 : ㉺

피의자					
죄 명					
압수번호		접수번호		사건번호	

연 번	품 종	수 량	비 고

소속관서장 귀하

210㎜ × 297㎜(백상지 80g/㎡)

■ [별지 제74호서식] 압수물 환부・가환부 영수증

압수물 환부・가환부 영수증

[영 수 인]

성 명		주민등록번호	
직 업		연 락 처	
주 거			

귀 관서에서 증거품으로 압수 중인 다음 압수물건을 환부、가환부 받았습니다.

. . .

영 수 인 : ㊞

피 의 자					
죄 명					
압수번호		접수번호		사건번호	

기록면수	연번	품 종	수 량	비 고

소속관서장 귀하

210㎜ × 297㎜(백상지 80g/㎡)

■ [별지 제75호서식] 압수물 처분 지휘요청서(위탁보관)

소속관서

제 0000-00000 호 　　　　　　　　　　　　　　　　0000.00.00.

수 신 : 검찰청의 장 (검사: 검사명)

제 목 : 압수물 처분 지휘요청서(위탁보관)

000 에 대한 죄명 피의사건의 압수물인 다음 물건의 운반 또는 보관이 불편하여 위탁보관 지휘를 요청합니다.

연번	품　　종	수 량	비　　고

소속관서

사법경찰관 계급

210㎜ × 297㎜(백상지 80g/㎡)

■ [별지 제76호서식] 압수물 보관 서약서

압수물 보관 서약서

[서 약 인]

성 명		주민등록번호	
직 업		연 락 처	
주 거			

다음 압수물건에 대한 보관명령을 받았으므로 선량한 관리자로서의 주의를 다하여 보관할 것은 물론 언제든지 지시가 있으면 제출하겠습니다.

. . .

서 약 인 : ㊞

피 의 자					
죄 명					
압수번호		접수번호		사건번호	

연번	품 종	수 량	보 관 장 소	비 고

소속관서장 귀하

210㎜ × 297㎜(백상지 80g/㎡)

■ [별지 제77호서식] 압수물 처분 지휘요청서(폐기)

소속관서

제 0000-00000 호 0000.00.00.

수 신 : 검찰청의 장 (검사: 검사명)

제 목 : 압수물 처분 지휘요청서(폐기)

000 에 대한 죄명 피의사건의 압수물에 위험발생의 염려가 있어 폐기 지휘를 요청합니다.

연번	품 종	수 량	비 고

소속관서

사법경찰관 계급

210㎜ × 297㎜(백상지 80g/㎡)

■ [별지 제78호서식] 압수물 폐기 조서

압수물 폐기 조서

000외 0명에 대한 죄명 피의사건에 관하여 0000.00.00. 사법경찰관 계급 작성자는 사법경찰관/리 계급 OOO를 참여하게 하고 압수물을 다음과 같이 폐기한다.

번 호	품 종	수 량	이 유	비 고

0000.00.00.

소속관서

사법경찰관 계급 작성자 ㊞

사법경찰관/리 계급 작성자 ㊞

210㎜ × 297㎜(백상지 80g/㎡)

■ [별지 제79호서식] 압수물 폐기 동의서

압수물 폐기 동의서

[동 의 인]

성 명		주민등록번호	
직업		연 락 처	
주 거			

다음 압수물건을 폐기함에 동의합니다.

. . .

동 의 인 : ㉑

피 의 자					
죄 명					
압수번호		접수번호		사건번호	

연번	품 종	수 량	비 고

소속관서장 귀하

210㎜ × 297㎜(백상지 80g/㎡)

■ [별지 제80호서식] 압수물 처분 지휘요청서(대가보관)

소속관서

제 0000-00000 호 0000.00.00.

수 신 : 검찰청의 장 (검사: 검사명)

제 목 : 압수물 처분 지휘요청서(대가보관)

000 에 대한 죄명 피의사건의 압수물에 부패(멸실 등)의 우려가 있어 대가보관 지휘를 요청합니다.

연번	품 종	수 량	비 고

소속관서

사법경찰관 계급

210㎜ × 297㎜(백상지 80g/㎡)

■ [별지 제81호서식] 압수물 대가보관 조서

압수물 대가보관 조서

000외 0명에 대한 죄명 피의사건에 관하여 0000.00.00. 사법경찰관 계급 성명은 사법경찰관/리 계급 성명을 참여하게 하고 다음과 같이 대가보관하다.

대가보관금액			보 관 자		
번호	품 종	수량	매각대금	이 유	매수자

0000.00.00.

소속관서

사법경찰관 계급 성명 ㊞

사법경찰관리 계급 성명 ㊞

210㎜ × 297㎜(백상지 80g/㎡)

■ [별지 제82호서식] 증거보전 신청서

소속관서

제 0000-00000 호　　　　　　　　　　　　　　　　　　　0000.00.00.
수 신 : 검찰청의 장
제 목 : 증거보전 신청서

다음 사건에 관하여 아래와 같이 증거보전의 청구를 신청합니다.

사 건 번 호				
죄 명				
피의자	성 명		주 민 등 록 번 호	
	직 업			
	주 거			
범 죄 사 실				
증 명 할 사 실				
증거 및 보전의 방법				
증 거 보 전 을 필요로 하는 사유				

소속관서

사법경찰관 계급

210㎜ × 297㎜(백상지 80g/㎡)

■ [별지 제83호서식] 증인신문 신청서

소속관서

제 0000-00000 호 0000.00.00.
수 신 : 검찰청의 장
제 목 : 증인신문 신청서

다음 사건에 관하여 아래와 같이 증인신문의 청구를 신청합니다.

사 건 번 호				
죄 명				
피의자	성 명		주민등록번호	
	직 업			
	주 거			
증인	성 명		주민등록번호	
	직 업			
	주 거			
범 죄 사 실				
증 명 할 사 실				
신 문 사 항				
증인신문청구의 요건이 되는 사실				
변 호 인				

소속관서

사법경찰관 계급

210㎜ × 297㎜(백상지 80g/㎡)

■ [별지 제84호서식] 감정유치장 신청서

소속관서

제 0000-00000 호 0000.00.00.

수 신 : 검찰청의 장

제 목 : 감정유치장 신청서

다음 사건에 관하여 아래와 같이 감정유치하려 하니 0000.00.00.까지 유효한 감정유치장의 청구를 신청합니다.

피의자	성 명	
	주민등록번호	
	직 업	
	주 거	
변 호 인		
범 죄 사 실		
7일을 넘는 유효기간을 필요로하는 취지와 사유		
둘 이상의 유치장을 신청하는 취지와 사유		
유 치 할 장 소		
유 치 기 간		
감정의 목적 및 이유		
감정인	성 명	
	직 업	
비 고		

소속관서

사법경찰관 계급

210㎜ × 297㎜(백상지 80g/㎡)

■ [별지 제85호서식] 감정처분허가장 신청서

소속관서

제 0000-00000 호 0000.00.00.

수 신 : 검찰청의 장

제 목 : 감정처분허가장 신청서

다음 사건에 관하여 아래와 같이 감정에 필요한 처분을 할 수 있도록 0000.00.00.까지 유효한 감정처분허가장의 청구를 신청합니다.

<table>
<tr><td rowspan="3">피의자</td><td>성 명</td><td></td><td>주민등록
번 호</td><td></td></tr>
<tr><td>직 업</td><td colspan="3"></td></tr>
<tr><td>주 거</td><td colspan="3"></td></tr>
<tr><td rowspan="2">감정인</td><td>성 명</td><td></td><td>주민등록
번 호</td><td></td></tr>
<tr><td>직 업</td><td colspan="3"></td></tr>
<tr><td colspan="2">감정위촉연월일</td><td colspan="3"></td></tr>
<tr><td colspan="2">감정위촉사항</td><td colspan="3"></td></tr>
<tr><td colspan="2">감정장소</td><td colspan="3"></td></tr>
<tr><td colspan="2">범죄사실</td><td colspan="3"></td></tr>
<tr><td colspan="2">7일을 넘는 유효기간을 필요로 하는 취지와사유</td><td colspan="3"></td></tr>
<tr><td colspan="2">둘이상의 허가장을 신청하는취지와사유</td><td colspan="3"></td></tr>
<tr><td colspan="2">감정에 필요한 처분의 이유</td><td colspan="3"></td></tr>
<tr><td colspan="2">변호인</td><td colspan="3"></td></tr>
<tr><td colspan="2">비고</td><td colspan="3"></td></tr>
</table>

소속관서

사법경찰관 계급

210㎜ × 297㎜(백상지 80g/㎡)

■ [별지 제86호서식] 사건기록 등본 송부서

소속관서

제 0000-00000 호 0000.00.00.

수 신 : 검찰청의 장 (검사: 검사명)

제 목 : 사건기록 등본 송부서

「검사와 사법경찰관의 상호협력과 일반적 수사준칙에 관한 규정」 제45조제2항에 따라 아래와 같이 사건기록의 등본을 송부합니다.

사 건 번 호	
요 구 일 자	
요 구 번 호	
사건기록등본 송부 관련 의견	
붙 임	

소속관서

사법경찰관 계급

210㎜ × 297㎜(백상지 80g/㎡)

■ [별지 제87호서식] 시정조치 결과 통보서

소속관서

제 0000-00000 호 0000.00.00.

수 신 : 검찰청의 장 (검사: 검사명)

제 목 : 시정조치 결과 통보서

「검사와 사법경찰관의 상호협력과 일반적 수사준칙에 관한 규정」 제45조제4항에 따라 아래와 같이 시정조치 이행 결과를 통보합니다.

사건 번호		요구 일자	
대상자	소속	직급(직위)	성명
시정조치요구 내용			
이행 결과			

소속관서

사법경찰관 계급

210㎜ × 297㎜(백상지 80g/㎡)

■ [별지 제88호서식] 징계요구 처리결과 통보서

소속관서

제 0000-00000 호 0000.00.00.

수 신 : 검찰총장 또는 검찰청의 장

제 목 : 징계요구 처리결과 통보서

「검사와 사법경찰관의 상호협력과 일반적 수사준칙에 관한 규정」 제46조제2항ㆍ제61조제3항에 따라 아래와 같이 징계요구 처리결과와 그 이유를 통보합니다.

사건 번호			
대상자	소속	직위(직급)	성명
징계요구 요지			
처리 결과			
이유			

소 속 관 서 장

210㎜ × 297㎜(백상지 80g/㎡)

■ [별지 제89호서식] 고지 확인서

고지 확인서

성　　명 : 성명
주민등록번호 : 000000-0000000 (연령 세)
주　　거 : 주거

본인은 0000.00.00. 00:00경 수사장소에서 신문을 받기 전에 수사과정에서 법령위반, 인권침해 또는 현저한 수사권 남용이 있는 경우 검사에게 구제를 신청할 수 있음을 고지받았음을 확인합니다.

0000.00.00.

위 확인인

위 피의자를 신문하면서 위와 같이 고지하였음*(위 피의자를 신문하면서 위와 같이 고지하였으나 정당한 이유 없이 기명날인 또는 서명을 거부함).*

※ 기명날인 또는 서명 거부 사유:

0000.00.00.

소속관서

사법경찰관 계급

210㎜ × 297㎜(백상지 80g/㎡)

■ [별지 제90호서식] 사건기록 열람요청서

소 속 관 서

제 0000-00000 호 0000.00.00.

수 신 : 검찰청의 장 (검사: 검사명)

제 목 : 사건기록 열람요청서

「검사와 사법경찰관의 상호협력과 일반적 수사준칙에 관한 규정」 제48조제1항에 따라 아래와 같이 사건기록의 열람을 요청합니다.

사 건 번 호				
피의자	성 명		주민등록번호	
	직 업			
	주 거			
죄 명				
열람요청 기록				

소속관서

사법경찰관 계급

210㎜ × 297㎜(백상지 80g/㎡)

■ [별지 제91호서식] 열람허가서

열람허가서

제 0000-00000 호　　　　　　　　　　　　　　　　0000.00.00.

「검사와 사법경찰관의 상호협력과 일반적 수사준칙에 관한 규정」 제48조제1항에 따라 검찰청명 검사 000이 0000.00.00. 요청한 사건기록 열람에 관하여 아래와 같이 사건기록의 열람을 허가합니다.

사 건 번 호		
피의자	성 명	
	주민등록번호	
죄 명		
열람요청기록		
열람허가기록		
열람불허기록 및 불허사유		
비 고		※첨부: 열람을 허용한 사건기록 등본

소속관서

사법경찰관 계급

210㎜ × 297㎜(백상지 80g/㎡)

■ [별지 제92호서식] 전자약식절차 동의서

전자약식절차 동의서

성 명		주민등록번호	
주 소			
주 거			
진행사항 통지방법	형사사법정보시스템 등록아이디 (ID)		
	휴 대 폰	전자우편	
	통지수단	[ ] 휴대폰문자서비스 [ ] 전자우편(E-mail)	

1. 동의를 하게 되면 「약식절차에서의 전자문서 이용 등에 관한 법률」(이하 "법률"이라 합니다) 제4조에 따라 사건을 전자적으로 처리하게 됩니다.
2. 통지방법에서 선택한 휴대폰문자서비스 또는 전자우편은 법률에 따라 약식명령이나 그 밖에 소송에 관한 서류가 형사사법포털(www.kics.go.kr)에 등재되었음을 알리는 수단으로 이용됩니다.
3. 통지를 받은 후 위에 기재된 아이디(ID)로 로그인하여 조회할 수 있습니다. 초기비밀번호는 위에 등록된 휴대폰문자서비스 또는 전자우편으로 발송됩니다.
4. 약식명령을 형사사법포털에서 확인한 때 송달된 것으로 처리됩니다. 만일 이를 확인하지 아니하면 등재사실을 알린 날부터 2주가 지난 때에 송달이 이루어진 것으로 처리됩니다.
5. 법률 제4조에 따라 전자약식처리절차로 사건이 처리되는 것을 원하지 않는 경우 서면 또는 형사사법포털을 통해 법원에 약식명령이 청구되기 전까지 철회를 할 수 있습니다. 철회하는 경우 「형사소송법」의 적용을 받습니다.
6. 동의를 하였어도 사건을 처리하는 과정에서 법률 제3조제3항에 해당되는 사건은 법률에 따라 처리되지 않고 「형사소송법」에 정해진 절차에 따라 처리됩니다.

「약식절차에서의 전자문서 이용 등에 관한 법률」 제4조에 따라 형사사법정보시스템 사용자등록을 신청하며, 동 법률에 따라 약식명령 등 그 밖의 소송에 관한 서류를 형사사법포털을 통하여 받는 것을 원합니다.

0000. 00. 00.

신 청 인(피의자) :

작 성 자 : 계급

210mm × 297mm(백상지 80g/㎡)

■ [별지 제93호서식] 영사기관 체포 · 구속 통보서

소속관서

(OOOOO Police station)

전화(Telephone) : 전화번호

팩스(Fax) : 팩스번호

제 0000-00000 호 0000.00.00.

수 신(To) : 수신

제목(Subject) : 영사기관 체포·구속 통보서 (Arrest(Detention) Notification)

1. 피의자(Personal details of the arrested)

성 명(Name) :

생년월일(Date of Birth) :

여권번호(Passport No.) :

국적(Nationality) :

2. 체포 일시 및 장소 (Date & Place of arrest)

체포 일시 :

체포 장소 :

3. 사건개요(Details of the case)

4. 경찰 조치(Actions taken by the police)

사법경찰관(Officer in charge) 계급

210㎜ × 297㎜(백상지 80g/㎡)

■ [별지 제94호서식] 영사기관 사망 통보서

소속관서

(OOOOO Police station)

전화(Telephone) : 전화번호

팩스(Fax) : 팩스번호

제 0000-00000 호 0000.00.00.

수 신(To) : 수신

제 목(Subject) : 영사기관 사망 통보서(Death Notification)

---

1. 변사자(Personal Details of the deceased)

성 명(Name) :

생년월일(Date of Birth) :

여권번호(Passport No.) :

국적(Nationality) :

2. 발생 일시 및 장소(Date & Place of occurrence)

발생 일시 :

발생 장소 :

3. 발생 개요(Details of the incident)

4. 경찰 조치(Actions taken by the police)

사법경찰관 (Officer in charge) 계급

210㎜ × 297㎜(백상지 80g/㎡)

■ [별지 제95호서식] 한미행정협정사건 통보서

소속관서

제 0000-00000 호 0000.00.00.

수 신 : 검찰청의 장 (행정협정 담당검사)

제 목 : 한미행정협정사건 통보서

아래와 같이 등의 범죄가 발생하였기에 통보합니다.

1. 관련자 인적사항

성 명 :
소 속 :
군 번 :
주민등록번호 :
사회보장번호 :
주 거 :
국 적 :

2. 신고자 인적사항

성 명 :
주민등록번호 :
주 거 :

3. 범죄사실

소속관서

사법경찰관 계급

210㎜ × 297㎜(백상지 80g/㎡)

■ [별지 제96호서식] 몰수·부대보전 신청서

소속관서

제 0000-00000 호 0000.00.00.

수 신 : 검찰청의 장

제 목 : 몰수.부대보전 신청서

다음 피의자에 대한 죄명 피의사건에 관하여 몰수.부대보전명령에 의한 재산처분 금지의 청구를 신청합니다.

피의자	성 명	
	주민등록번호	
	직 업	
	주 거	
죄 명		
피의사실의 요지		
몰수.부대보전의 근거법령 조항		
몰수보전관계	처분을 금지하는 재산 및 그 재산을 가진 자의 성명.주소와 채권의 경우 채무자의 성명.주소	
	몰수보전을 필요로 하는 사유	
부대보전관계	몰수보전 사건의 표시	
	처분을 금지하는 권리 및 그 권리를 가진 자의 성명.주소	
	부대보전을 필요로 하는 사유	

소속관서

사법경찰관 계급

210㎜ × 297㎜(백상지 80g/㎡)

■ [별지 제97호서식] 추징보전 신청서

소속관서

제 0000-00000 호 0000.00.00.

수 신 : 검찰청의 장

제 목 : 추징보전 신청서

다음 피의자에 대한 죄명 피의사건에 관하여 추징보전명령에 의한 재산처분 금지의 청구를 신청합니다.

피의자	성 명	
	주민등록번호	
	직 업	
	주 거	
죄 명		
피의사실의 요지		
추징보전의 근거법령 조항		
추징보전액		
처분을 금지하는 재산		
추징보전을 필요로 하는 사유		

소속관서

사법경찰관 계급

210㎜ × 297㎜(백상지 80g/㎡)

■ [별지 제98호서식] 추징보전명령 취소 신청서

소속관서

제 0000-00000 호 0000.00.00.

수 신 : 검찰청의 장

제 목 : 추징보전명령 취소 신청서

다음 피의자에 대한 죄명 피의사건에 관하여 추징보전명령의 (전부・일부)취소의 청구를 신청합니다.

추징보전사건의 표시		년 월 일 지방법원의 추징보전명령(년 제 호)
피의자	성 명	
	주민등록번호	
	직 업	
	주 거	
취소 대상		[ ] 전부취소 [ ] 일부취소
일부취소 시 범위		(기존 추징보전액: 원) 취소신청 추정보전액: 원 잔여 추징보전액: 원
추징보전명령 취소를 필요로 하는 사유		

소속관서

사법경찰관 계급

210㎜ × 297㎜(백상지 80g/㎡)

■ [별지 제99호서식] 사건이송서

소속관서

제 0000-00000 호　　　　　　　　　　　　　　　　　0000.00.00.
수 신 : *수신관서*장
제 목 : 사건이송서

다음 사건을 이송합니다.

<table>
<tr><td colspan="2">접 수 번 호</td><td></td><td>사건번호</td><td></td></tr>
<tr><td colspan="2">죄 명</td><td colspan="3"></td></tr>
<tr><td colspan="2">피(혐)의자</td><td colspan="3"></td></tr>
<tr><td colspan="2">사 건 개 요</td><td colspan="3"></td></tr>
<tr><td rowspan="5">송부내역</td><td>서 류</td><td colspan="3"></td></tr>
<tr><td rowspan="4">증 거 품</td><td colspan="2">품 명</td><td>수 량</td></tr>
<tr><td colspan="2"></td><td></td></tr>
<tr><td colspan="2"></td><td></td></tr>
<tr><td colspan="2"></td><td></td></tr>
<tr><td colspan="2">이 송 사 유</td><td colspan="3"></td></tr>
<tr><td colspan="2">기타참고사항</td><td colspan="3"></td></tr>
<tr><td colspan="2" rowspan="2">범죄통계원표</td><td>발 생</td><td>검 거</td><td>피의자</td></tr>
<tr><td></td><td></td><td></td></tr>
</table>

소속관서장

210㎜ × 297㎜(백상지 80g/㎡)

■ [별지 제100호서식] 수사결과 통지서(고소인등·송치 등)

소속관서

제 0000-00000 호 　　　　　　　　　　　　　　　　0000.00.00.

수 신 : 수신인 귀하

제 목 : 수사결과 통지서(고소인등、송치 등)

귀하와 관련된 사건에 대하여 다음과 같이 결정하였음을 알려드립니다.

접수일시	. . .	사 건 번 호	0000-000000
죄 명			
결 정 일			
결정종류	1. 송 치 ( ) : 송치관서명(☎:전화번호) 2. 이 송 ( ) : 이송관서명(☎:전화번호) 3. 수사중지 ( )		
주요내용			
담당팀장	○○과 ○○팀 경○ ○○○ ☎ 02-0000-0000		

※ 범죄피해자 권리 보호를 위한 각종 제도

○ 범죄피해자 구조 신청제도(범죄피해자보호법)
　- 관할지방검찰청 범죄피해자지원센터에 신청
○ 의사상자예우 등에 관한 제도(의사상자 등 예우 및 지원에 관한 법률)
　- 보건복지부 및 관할 자치단체 사회복지과에 신청
○ 범죄행위의 피해에 대한 손해배상명령(소송촉진 등에 관한 특례법)
　- 각급법원에 신청, 형사재판과정에서 민사손해배상까지 청구 가능
○ 가정폭력.성폭력 피해자 보호 및 구조
　- 여성 긴급전화(국번없이 1366), 아동보호 전문기관(1577-1391) 등

210㎜ × 297㎜(백상지 80g/㎡)

○ 무보험 차량 교통사고 뺑소니 피해자 구조제도(자동차손해배상 보장법)
- 동부화재, 삼성화재 등 자동차 보험회사에 청구

○ 국민건강보험제도를 이용한 피해자 구조제도
- 국민건강보험공단 급여관리실, 지역별 공단지부에 문의

○ 법률구조공단의 법률구조제도(국번없이 132 또는 공단 지부.출장소)
- 범죄피해자에 대한 무료법률구조(손해배상청구, 배상명령신청 소송대리 등)

○ 범죄피해자지원센터(국번없이 1577-1295)
- 피해자나 가족, 유족등에 대한 전화상담 및 면접상담 등

○ 국민권익위원회의 고충민원 접수제도
- 국민신문고 www.epeople.go.kr, 정부민원안내콜센터 국번없이 110

○ 국가인권위원회의 진정 접수제도
- www.humanrights.go.kr, 국번없이 1331

○ 수사 심의신청 제도(경찰민원콜센터 국번없이 182)
- 수사과정 및 결과에 이의가 있는 경우, 관할 지방경찰청 「수사심의계」에 심의신청

○ 수사중지 결정 이의제기 제도
- 수사중지 결정에 이의가 있는 경우, 해당 사법경찰관의 소속 상급 경찰관서의 장에게 이의제기
- 법령위반, 인권침해 또는 현저한 수사권 남용이라고 의심되는 경우, 관할 지방검찰청 검사에게 신고 가능

소속관서장

210㎜ × 297㎜(백상지 80g/㎡)

■ [별지 제101호서식] 수사결과 통지서(피의자 · 송치 등)

소속관서

제 0000-00000 호 0000.00.00.

수 신 : 수신인 귀하

제 목 : 수사결과 통지서(피의자 · 송치 등)

귀하와 관련된 사건에 대하여 다음과 같이 결정하였음을 알려드립니다.

접 수 일 시	. . .	사건번호	0000-000000
죄 명			
결 정 일			
결 정 종 류	1. 송 치 ( ) : 송치관서명(☏ : 전화번호) 2. 이 송 ( ) : 이송관서명(☏ : 전화번호) 3. 수사중지 (참고인중지) ( )		
주 요 내 용			
담 당 팀 장	○○과 ○○팀 경○ ○○○ ☏ 02-0000-0000		

※ 권리 보호를 위한 각종 제도

- ㅇ 국민권익위원회의 고충민원 접수제도
  - 국민신문고 www.epeople.go.kr, 정부민원안내콜센터 국번없이 110
- ㅇ 국가인권위원회의 진정 접수제도
  - www.humanrights.go.kr, 국번없이 1331
- ㅇ 수사 심의신청 제도(경찰민원콜센터 국번없이 182)
  - 수사과정 및 결과에 이의가 있는 경우, 관할 지방경찰청 「수사심의계」에 심의신청
- ㅇ 수사중지 결정 이의제기 제도
  - 수사중지 결정에 이의가 있는 경우, 해당 사법경찰관의 소속 상급 경찰관서의 장에게 이의제기
  - 법령위반, 인권침해 또는 현저한 수사권 남용이라고 의심되는 경우, 관할 지방검찰청 검사에게 신고 가능

소속관서장

210㎜ × 297㎜(백상지 80g/㎡)

■ [별지 제102호서식] 수사결과 통지서(피의자·불송치)

소속관서

제 0000-00000 호 0000.00.00.

수 신 : 수신인 귀하

제 목 : 수사결과 통지서(피의자ㆍ불송치)

귀하와 관련된 사건에 대하여 다음과 같이 결정하였음을 알려드립니다.

접 수 일 시	. . .	사건번호	0000-000000
죄 명			
결 정 일			
결 정 종 류	불송치 ( )		
주 요 내 용			
담 당 팀 장	○○과 ○○팀 경○ ○○○ ☏ 02-0000-0000		

※ 결정 종류 안내 및 권리 보호를 위한 각종 제도

<결정 종류 안내>

ㅇ 혐의없음 결정은 증거 부족 또는 법률상 범죄가 성립되지 않아 처벌할 수 없다는 결정입니다.

ㅇ 죄가안됨 결정은 피의자가 14세 미만이거나 심신상실자의 범행 또는 정당방위 등에 해당되어 처벌할 수 없는 경우에 하는 결정입니다.

ㅇ 공소권없음 결정은 처벌할 수 있는 시효가 경과되었거나 친고죄에 있어서 고소를 취소한 경우 등 법률에 정한 처벌요건을 갖추지 못하여 처벌할 수 없다는 결정입니다.

ㅇ 각하 결정은 위 세 결정의 사유에 해당함이 명백하거나, 고소인 또는 고발인으로부터 고소ㆍ고발 사실에 대한 진술을 청취할 수 없는 경우 등에 하는 결정입니다.

<권리 보호를 위한 제도>

ㅇ 국민권익위원회의 고충민원 접수제도
 - 국민신문고 www.epeople.go.kr, 정부민원안내콜센터 국번없이 110

ㅇ 국가인권위원회의 진정 접수제도
 - www.humanrights.go.kr, 국번없이 1331

ㅇ 수사 심의신청 제도(경찰민원콜센터 국번없이 182)
 - 수사과정 및 결과에 이의가 있는 경우, 관할 지방경찰청 「수사심의계」에 심의신청

소속관서장

210㎜ × 297㎜(백상지 80g/㎡)

■ [별지 제103호서식] 수사결과 통지서(고소인등 · 불송치)

소 속 관 서

제 0000-00000 호 0000.00.00.

수 신 : 수신인 귀하

제 목 : 수사결과 통지서(고소인등 · 불송치)

귀하와 관련된 사건에 대하여 다음과 같이 결정하였음을 알려드립니다.

접 수 일 시	. . .	사건번호	0000-000000
죄 명			
결 정 일			
결 정 종 류	불송치 ( )		
이 유	별지와 같음		
담 당 팀 장	○○과 ○○팀 경○ ○○○		☏ 02-0000-0000

※ **범죄피해자 권리 보호를 위한 각종 제도**

○ 범죄피해자 구조 신청제도(범죄피해자보호법)
  - 관할지방검찰청 범죄피해자지원센터에 신청
○ 의사상자예우 등에 관한 제도(의사상자 등 예우 및 지원에 관한 법률)
  - 보건복지부 및 관할 자치단체 사회복지과에 신청
○ 범죄행위의 피해에 대한 손해배상명령(소송촉진 등에 관한 특례법)
  - 각급법원에 신청, 형사재판과정에서 민사손해배상까지 청구 가능
○ 가정폭력.성폭력 피해자 보호 및 구조
  - 여성 긴급전화(국번없이 1366), 아동보호 전문기관(1577-1391) 등
○ 무보험 차량 교통사고 뺑소니 피해자 구조제도(자동차손해배상 보장법)
  - 동부화재, 삼성화재 등 자동차 보험회사에 청구
○ 국민건강보험제도를 이용한 피해자 구조제도
  - 국민건강보험공단 급여관리실, 지역별 공단지부에 문의
○ 법률구조공단의 법률구조제도(국번없이 132 또는 공단 지부.출장소)
  - 범죄피해자에 대한 무료법률구조(손해배상청구, 배상명령신청 소송대리 등)
○ 범죄피해자지원센터(국번없이 1577-1295)
  - 피해자나 가족, 유족등에 대한 전화상담 및 면접상담 등
○ 국민권익위원회의 고충민원 접수제도
  - 국민신문고 www.epeople.go.kr, 정부민원안내콜센터 국번없이 110
○ 국가인권위원회의 진정 접수제도
  - www.humanrights.go.kr, 국번없이 1331

소 속 관 서 장

210㎜ × 297㎜(백상지 80g/㎡)

[별지]

[결정종류]

[피의사실의 요지와 불송치 이유]

※ 결정 종류 안내 및 이의·심의신청 방법

<결정 종류 안내>

○ 혐의없음 결정은 증거 부족 또는 법률상 범죄가 성립되지 않아 처벌할 수 없다는 결정입니다.

○ 죄가안됨 결정은 피의자가 14세 미만이거나 심신상실자의 범행 또는 정당방위 등에 해당되어 처벌할 수 없는 경우에 하는 결정입니다.

○ 공소권없음 결정은 처벌할 수 있는 시효가 경과되었거나 친고죄에 있어서 고소를 취소한 경우 등 법률에 정한 처벌요건을 갖추지 못하여 처벌할 수 없다는 결정입니다.

○ 각하 결정은 위 세 결정의 사유에 해당함이 명백하거나, 고소인 또는 고발인으로부터 고소·고발 사실에 대한 진술을 청취할 수 없는 경우 등에 하는 결정입니다.

<이의·심의신청 방법>

○ 위 결정에 대하여 통지를 받은 자는 「형사소송법」 제245조의7제1항에 따라 해당 사법경찰관의 소속 관서의 장에게 이의를 신청할 수 있습니다. 이의신청이 있는 때 해당 사법경찰관은 형사소송법 제245조의7제2항에 따라 사건을 검사에게 송치하게 됩니다.

○ 수사 심의신청 제도(경찰민원콜센터 국번없이 182)

- 수사과정 및 결과에 이의가 있는 경우, 관할 지방경찰청 「수사심의계」에 심의신청

210㎜ × 297㎜(백상지 80g/㎡)

■ [별지 제104호서식] 불송치 통지요구서

불송치 통지요구서

신청인	성명	사건관련 신분
	주민등록번호	전화번호
	주소	

요구 사유	
비고	

「검사와 사법경찰관의 상호협력과 일반적 수사준칙에 관한 규정」 제53조제2항에 따라 위와 같이 불송치 통지하여 줄 것을 요구합니다.

년 월 일

신청인 (서명 또는 인)

소속관서장 귀하

210㎜ × 297㎜(백상지 80g/㎡)

■ [별지 제105호서식] 불송치 결정 증명서(고소인.고발인)

발행번호 제 0000-00000 호

불송치 결정 증명서(고소인·고발인)

사건번호		
신 청 인		
피 의 자		
죄 명		
결정	년월일	
	내 용	
수사관서		
용 도		

위와 같이 결정되었음을 증명합니다.

0000.00.00.

소속관서장

210㎜ × 297㎜(백상지 80g/㎡)

■ [별지 제106호서식] 불송치 결정 증명서(피의자)

발행번호 제 0000-00000 호

불송치 결정 증명서(피의자)

사 건 번 호		
피의자	성 명	
	주민등록번호	
	주 소	
죄 명		
결정	년 월 일	
	내 용	
수 사 관 서		
용 도		

위와 같이 결정되었음을 증명합니다.

0000.00.00.

소속관서장

210㎜ × 297㎜(백상지 80g/㎡)

■ [별지 제107호서식] 수사중지 결정서

대한민국 경찰
KOREAN NATIONAL POLICE

소 속 관 서

0000.00.00.

사건번호 0000-00000호, 0000-00000호
제 목 수사중지 결정서

아래와 같이 수사중지 결정합니다.

Ⅰ. 피의자

Ⅱ. 죄명

Ⅲ. 주문

Ⅳ. 피의사실과 수사중지 이유

사법경찰관 계급

210㎜ × 297㎜(백상지 80g/㎡)

■ [별지 제108호서식] 수사중지 사건기록 송부서

소속관서

0000.00.00.

수 신 : *검찰청의 장*
제 목 : 수사중지 사건기록 송부서

다음 수사중지 사건기록을 송부합니다.

<table>
<tr><td>사건번호</td><td colspan="2"></td><td>결정일</td><td></td></tr>
<tr><td colspan="2">피 의 자</td><td>죄 명</td><td colspan="2">주 문</td></tr>
<tr><td colspan="2"></td><td></td><td colspan="2"></td></tr>
<tr><td rowspan="2">송 부 내 역</td><td>서 류</td><td colspan="3"></td></tr>
<tr><td>증거품</td><td colspan="3"></td></tr>
<tr><td rowspan="2">공 소 시 효</td><td>장 기</td><td colspan="3"></td></tr>
<tr><td>단 기</td><td colspan="3"></td></tr>
<tr><td>반 환 기 한</td><td colspan="4"></td></tr>
<tr><td colspan="5">참 고 사 항</td></tr>
<tr><td colspan="5"></td></tr>
</table>

소속관서장

210mm × 297mm(백상지 80g/㎡)

■ [별지 제109호서식] 소재수사 보고서(소재확인종합)

소 속 관 서

제 0000-00000 호　　　　　　　　　　　　　　0000.00.00.

수 신 :

참 조 :

제 목 : 소재수사 보고서(소재확인종합)

피의자 000외 0명에 대한 죄명 사건에 관하여 아래와 같이 소재수사를 실시하였기에 보고합니다.

< 소재 확인 대상자 >

성　명 :　　　주민등록번호 :

최종주거지 :

주　소 : *주소*

등록기준지 : *등록기준지*

배회처 : 1.

배회처 : 2.

1. 연고지 거주 여부(소재수사결과)

1) 최종주거지 :

2) 주　소 :

3) 등록기준지 :

4) 배회처 :

210㎜ × 297㎜(백상지 80g/㎡)

2. 가족, 형제자매, 동거인과의 연락 여부

3. 국외 출국 여부

4. 교도소 등 교정기관 수감 여부

5. 경찰관서 유치장 수감 여부

6. 기타 참고사항(고의적인 출석불응 여부 등)

210㎜ × 297㎜(백상지 80g/㎡)

■ [별지 제110호서식] 수사중지 결정 이의제기서

수사중지 결정 이의제기서

□ 신청인

성　　　명		사건관련 신분	
주민등록번호		전화번호	
주　　　소			

□ 경찰 결정 내용

사건번호	
죄　　명	
결정내용	수사중지 (　　　　　　　　　　)

□ 이의제기 이유

.　　.　　.

신청인　　　　　　　　　　(서명)

소속상급경찰관서장 귀하

210㎜ × 297㎜(백상지 80g/㎡)

■ [별지 제111호서식] 수사중지사건 이의처리결과 통지서

소속관서

제 0000-00000 호 0000.00.00.

수 신 : 수신인 귀하

제 목 : 수사중지사건 이의처리결과 통지서

귀하의 이의제기와 관련하여 「경찰수사규칙」 제101조제5항에 따라 아래와 같이 처리결과를 통지합니다.

사 건 번 호	
처 리 결 과	
이 유	

소속상급경찰관서장

210㎜ × 297㎜(백상지 80g/㎡)

■ [별지 제112호서식] 수사중지사건 수사재개서

소속관서

제 0000-00000 호　　　　　　　　　　　　0000.00.00.

수 신 : 수신

참 조 : 참조

제 목 : 수사중지사건 수사재개서

「검사와 사법경찰관의 상호협력과 일반적 수사준칙에 관한 규정」 제55조제3항에 따라 다음 사건의 수사를 재개합니다.

1. 사건번호

2. 피의자 인적사항

성명　　　　　　　　　　　　직업

주민등록번호 :

주　　　거 :

등록기준지 :

3. 죄명

4. 수사중지 유형

5. 수사중지 해소의 구체적 사유

210㎜ × 297㎜(백상지 80g/㎡)

■ [별지 제113호서식] 피의자 등 소재발견 통보서(수사중지 사건기록 반환 전)

소속관서

제 0000-00000 호 0000.00.00.
수 신 : 검찰청의 장
제 목 : 피의자 등 소재발견 통보서(수사중지 사건기록 반환 전)

「검사와 사법경찰관의 상호협력과 일반적 수사준칙에 관한 규정」 제51조제5항에 따라 피의자 등의 소재발견 및 수사재개 사실을 통보합니다.

소재발견 대상자	성 명	
	사건관련신분	
	주민등록번호	
	주 거	
	전 화	
대상 사건	사 건 번 호	
	송 부 일 자	
발 견 경 위		
비 고		

소속관서

사법경찰관 계급

210㎜ × 297㎜(백상지 80g/㎡)

■ [별지 제114호서식] 송치 결정서

대한민국 경찰
KOREAN NATIONAL POLICE

소 속 관 서

0000.00.00.

사건번호　0000-00000호, 0000-00000호
제　　목　　송치 결정서

아래와 같이 송치 결정합니다.

Ⅰ. 피의자 인적사항

성명 :　　　　　　　　　　　　　　　직업 :
주민등록번호 :
주　　　거 :
등록기준지 :
전 화 번 호 :

Ⅱ. 범죄경력자료 및 수사경력자료

Ⅲ. 범죄사실

Ⅳ. 적용법조

Ⅴ. 증거관계

Ⅵ. 송치 결정 이유

사법경찰관　계급

210㎜ × 297㎜(백상지 80g/㎡)

■ [별지 제115호서식] 압 수 물 총 목 록

압수물 총목록

연번	품 명	수 량	기록정수	비 고

210㎜ × 297㎜(백상지 80g/㎡)

■ [별지 제116호서식] 기록목록

기 록 목 록

서 류 명	작성자 (진술자)	작성년월일	면수

210㎜ × 297㎜(백상지 80g/㎡)

■ [별지 제117호서식] 사건송치서

소속관서

제 0000-00000 호 0000.00.00.

수 신 : 검찰청의 장

제 목 : 사건송치서

다음 사건을 송치합니다.

피 의 자	지문원지 작성번호	구속영장 청구번호	피의자 원표번호	통신사실 청구번호

죄 명	
수사단서	
사건번호	
체포구속	
석 방	
결 정 일	
결정근거	
증 거 품	
비 고	

소속관서장

210㎜ × 297㎜(백상지 80g/㎡)

■ [별지 제118호서식] 추가송부서

소속관서

제 0000-00000 호　　　　　　　　　　　　0000.00.00.

수 신 : 검찰청의 장 (검사: 검사명)

제 목 : 추가송부서

다음과 같이 추가 송부합니다.

피 의 자	
죄　　명	
송치(송부)일	
사건번호	
결 정 일	
추가송부서류 및 증거품	
비　　고	

소속관서장

210㎜ × 297㎜(백상지 80g/㎡)

■ [별지 제119호서식] 보완수사 결과 통보서

소 속 관 서

제 0000-00000 호　　　　　　　　　　　　　　　　　　0000.00.00.

수 신 : 검찰청의 장 (검사: 검사명)

제 목 : 보완수사 결과 통보서

「형사소송법」 제197조의2제2항에 따라 아래와 같이 보완수사 결과를 통보합니다.

사 건 번 호		
피의자	성 명	
	주민등록번호	
죄 명		
보완수사요구 내용		
이행 결과 (불이행시 사유 기재)		

소속관서

사법경찰관 계급

210㎜ × 297㎜(백상지 80g/㎡)

■ [별지 제120호서식] 직무배제요구 처리결과 통보서

소속관서

제 0000-00000 호 0000.00.00.

수 신 : 검찰총장 또는 검찰청의 장

제 목 : 직무배제요구 처리결과 통보서

「검사와 사법경찰관의 상호협력과 일반적 수사준칙에 관한 규정」 제61조제3항에 따라 아래와 같이 직무배제요구 처리결과와 그 이유를 통보합니다.

사건 번호			
대상자	소속	직위(직급)	성명
직무배제요구 요지			
처리 결과			
이유			

소속관서장

210㎜ × 297㎜(백상지 80g/㎡)

■ [별지 제121호서식] 소년 보호사건 송치서

소속관서

제 0000-00000 호 0000.00.00.

수 신 : 법원의 소년부

제 목 : 소년 보호사건 송치서

다음과 같이 송치합니다.

<table>
<tr><td rowspan="9">비행소년</td><td colspan="2">성 명</td><td colspan="2"></td><td>이명(별명)</td><td></td></tr>
<tr><td colspan="2">생년월일</td><td colspan="2"></td><td>직업</td><td></td></tr>
<tr><td colspan="2">등록기준지</td><td colspan="4"></td></tr>
<tr><td colspan="2">주 거</td><td colspan="4"></td></tr>
<tr><td colspan="2">학 교</td><td colspan="2"></td><td>담 임</td><td></td></tr>
<tr><td rowspan="4">보호자</td><td>성 명</td><td colspan="2"></td><td>관 계</td><td></td></tr>
<tr><td>주민등록번호</td><td colspan="2"></td><td>연 령</td><td></td></tr>
<tr><td>주 거</td><td colspan="4"></td></tr>
<tr><td>전 화</td><td></td><td>핸드폰</td><td colspan="2"></td></tr>
<tr><td colspan="3">비행사건명</td><td colspan="4"></td></tr>
<tr><td colspan="3">발각원인</td><td colspan="4"></td></tr>
<tr><td colspan="3">동행여부</td><td colspan="4"></td></tr>
<tr><td colspan="3">증 거 품</td><td colspan="4"></td></tr>
<tr><td colspan="3">비 고</td><td colspan="4"></td></tr>
</table>

소속관서장

210㎜ × 297㎜(백상지 80g/㎡)

■ [별지 제122호서식] 불송치 결정서

대한민국 경찰
KOREAN NATIONAL POLICE

소속관서

0000.00.00.

사건번호 0000-00000호, 0000-00000호

제 목 불송치 결정서

아래와 같이 불송치 결정합니다.

Ⅰ. 피의자

Ⅱ. 죄명

Ⅲ. 주문

Ⅳ. 피의사실과 불송치 이유

사법경찰관 계급

210㎜ × 297㎜(백상지 80g/㎡)

■ [별지 제123호서식] 불송치 사건기록 송부서

소속관서

0000.00.00.

수 신 : 검찰청의 장

제 목 : 불송치 사건기록 송부서

다음 불송치 사건기록을 송부합니다.

사건번호			결정일	
피 의 자		죄 명	주 문	
송부내역	서 류			
	증거품			
공소시효	장 기			
	단 기			
반환기한				

참 고 사 항

소속관서장

210㎜ × 297㎜(백상지 80g/㎡)

■ [별지 제124호서식] 재수사 결과서

소속관서

제 0000-00000 호　　　　　　　　　　　　　　　　0000.00.00.
수 신 : 검찰청의 장　(검사: 검사명)
제 목 : 재수사 결과서

「검사와 사법경찰관의 상호협력과 일반적 수사준칙에 관한 규정」 제64조제1항제2호에 따라 재수사결과를 아래와 같이 통보합니다.

사 건 번 호				
피의자	성 명		주민등록번호	
	직 업			
	주 거			
죄 명				
재수사 요청 내용				
재수사 결과				

소속관서

사법경찰관　계급

210㎜ × 297㎜(백상지 80g/㎡)

■ [별지 제125호서식] 불송치 결정 이의신청서

불송치 결정 이의신청서

□ 신청인

성 명		사건관련 신분	
주민등록번호		전 화 번 호	
주 소		전 자 우 편	

□ 경찰 결정 내용

사 건 번 호	-
죄 명	
결 정 내 용	

□ 이의신청 이유

□ 이의신청 결과통지서 수령방법

종 류	서면 / 전화 / 팩스 / 전자우편 / 문 자 메 시지

. . .

신청인 (서명)

소속관서장 귀하

210㎜ × 297㎜(백상지 80g/㎡)

■ [별지 제126호서식] 이의신청에 따른 사건송치 통지서

소속관서

제 0000-00000 호 　　　　　　　　　　　　　　　　　0000.00.00.

수 신 : 수신인 귀하

제 목 : 이의신청에 따른 사건송치 통지서

귀하의 이의신청과 관련하여 「형사소송법」 제245조의7제2항에 따라 다음과 같이 사건을 송치하였음을 알려드립니다.

송치일시	. . .	송치번호	-	사건번호	-
조치사항					
담당팀장	☏ 02-0000-0000				

소속관서장

210㎜ × 297㎜(백상지 80g/㎡)

경찰수사규칙-수사서식실무수록

2022년 11월 20일 인쇄
2022년 11월 25일 발행
편저자 경찰법연구회
발행인 양 갑 수
발행처 법률&출판

서울 서초구 법원로2길 7-4, 104호(서초동, 동용빌딩)
전 화 : 02-521-8199 팩스 : 02-598-0332
홈페이지 : **www.법률서적.한국**

등록번호 : 25100-2005-000110
ISBN: 978-89-97476-73-2(93360)

인지

본서의 전재나 복재를 금합니다. 정가 20,000원